Ruth Klüger

Gemalte Fensterscheiben

Ruth Klüger
Gemalte Fensterscheiben
Über Lyrik

WALLSTEIN VERLAG

Inhalt

Einleitung

Gedichte sind gemalte Fensterscheiben! a
Sieht man vom Markt in die Kirche hinein b
Da ist alles dunkel und düster; c
Und so sieht's auch der Herr Philister: c
Der mag denn wohl verdrießlich sein b
Und lebenslang verdrießlich bleiben. a

Kommt aber nur einmal herein! b
Begrüßt die heilige Kapelle; d
Da ist's auf einmal farbig helle, d
Geschicht' und Zierrat glänzt in Schnelle, d
Bedeutend wirkt ein edler Schein; b
Dies wird euch Kindern Gottes taugen, e
Erbaut euch und ergetzt die Augen! e

Eigentlich sollte es »bemalte«, nicht »gemalte« Fensterscheiben heißen, aber wer wagt es schon, gegen Goethes gönnerhaft-väterliche Altherrenstimme, so unverwechselbar in diesen Versen aus seinen späten Gedichten, pedantisch aufzubegehren? Er will uns belehren und Gutes tun. Das Lehrobjekt ist leicht nachzuprüfen: Nur wenn es hinter dem Glas licht ist, kann man das Dargestellte erkennen. Das Licht allein, das darauf fällt, tut's nicht, sonst wäre das Glas auch von außen her, gegen einen dunklen Hintergrund, gut erkennbar. So offensichtlich diese Beobachtung ist, so gehört doch ein Sinn für Optik, eines von Goethes Spezialgebieten, dazu, um darauf zu kommen, sie metaphorisch anzuwenden: Gedichte müssen von innen, womöglich von einem gottgeweihten Innen, genossen werden, sonst sind sie unbedeutend und stiften nur Verdruß, den Verdruß von unverstandenen, aneinandergereihten Wörtern.

Die beiden Strophen folgen unterschiedlichen Reimschemen, wie sie von unterschiedlichen, ja gegensätzlichen Menschen und Wahrnehmungen handeln. Die erste, in der von den Philistern und ihren dunklen Kirchenfenstern und den unverstandenen Gedichten die Rede ist, bewegt sich sozusagen im Kreis und kehrt am Ende zum Anfang zurück mit dem Reimschema abccba. Ihr Motiv ist Verdruß und Unverständnis.

Die zweite Strophe, in der die Gotteskinder und Kunstgenießer das Sagen haben, knüpft an Reim b der ersten an und folgt dem Schema: bdddbee. Sie enthält einen Vers mehr als die erste, eine Ausweitung der Rhythmen und Gedanken. Er ist wie ein Hinauszögern, Bewunderung und stilles Aufnehmen des »Bedeutenden« fordernd. Der »edle Schein« ist die farbige Helle der Kunst, ob Gedichte oder Gemälde, verschlungene Worte oder bemaltes Glas. Das ästhetische Erleben ist gottgefällig, obwohl unser Gedicht bestimmt nicht christlich, höchstens im weitesten Sinne religiös aufzufassen ist, denn Markt und Kirche sind Sinnbilder für das Äußere und Innere von Welt und Mensch.

Wer über Lyrik reden will, muß auf den Einwand gefaßt sein, daß das ganze Reden und Interpretieren den Genuß beeinträchtigt. Unser Gedicht, nach dem dieser Band benannt ist, dient zur Verteidigung: Wenn Gedichte nur von innen leuchten, dann darf der Interpret oder Kommentator als einer (oder eine) gelten, der (oder die) die Leser oder Hörer in die Kapelle führt, wo die Leuchtkraft sichtbar wird, und sie dort auf die Schätze aufmerksam macht. Das ist die Absicht dieses Buchs. Es setzt sich mit vielerlei Gedichten auseinander, mit sehr alten und ganz neuen, mit mystischen und politischen, auch mit humoristischen. Und hat hie und da Allgemeines übers Gedichtelesen zu sagen und das Vergnügen, das sie bereiten. Das Buch will nicht vorschreiben, wie man zu lesen hat, denn wir alle lesen auf unsere Weise, jede/jeder etwas anders. Meine kritischen Versuche sind daher nur ein Hinweisen, ein Fingerzeigen auf »Geschicht' und Zierrat« in dieser »Kapelle« der Literatur, eine Einladung zum Mit- und Weiterlesen.

I

Unbekannter Dichter

Zweiter Merseburger Zauberspruch

Phol ende Wuodan   vuorun zi holza.
du wart demo Balderes volon   sin vuoz birenkit.
thu biguol en Sin[th]gunt,   Sunna era swister;
thu biguol en Friia,   Volla era swister;
thu biguol en Wuodan,   so he wola conda:
sose benrenki,   sose bluotrenki,
    sose lidirenki:
ben zi bena,   bluot zi bluoda,
lid zi geliden,   sose gelimida sin.

Zaubern kann nur die Dichtung. »Und die Welt hebt an zu singen, / Triffst du nur das Zauberwort«, behauptet der Romantiker. Der vorliegende Spruch versetzt uns in eine Zeit, als das Wünschen noch half. Damals, vor mehr als tausend Jahren, war der Zauberer kein Seelen-, sondern eher ein Pferdearzt. Er beschwor die reale Welt im Namen des heilenden Gottes.

Wer sich mit ein wenig Geduld in diese Verse versenkt, wird sich wundern, wie der uralte Heidenspruch mit geringer Nachhilfe verständlich und sogar liebenswert wird. Da »fuhren« beziehungsweise ritten zwei in den Wald, der Gott Wuodan (auch Wotan oder Odin) und ein anderer namens Phol. Wer war Phol? Haben wir etwas in der Schule verschlafen?

Keine Sorge, die Philologen wissen es auch nicht. Vielleicht ist es ein Beiname Balders, der im nächsten Stabreim unvermutet auftaucht, doch ist dieser Balder eventuell nur ein Wort für »Herr«. Sicher ist, daß eines der Pferde sich den Fuß verrenkt. Plötzlich sind bekannte und unbekannte Göttinnen zur Stelle (auch hier kennt sich die Germanistik nicht so gut aus), die eine scheint die Schwester der Sonne zu sein, und der Name Freia ist ein Anhaltspunkt. Man schart sich um das Fohlen und redet auf das Tier ein, wie man eben sprichwörtlich auf ein krankes Pferd einredet. Jede der Frauen »bespricht« oder »beschreit« es (das Wort »biguol« ist uns im modernen Englisch als »to beguile« geblieben), doch die Wort-Heilung gelingt erst, als der höhere Gott, Wuodan, »der es wohl verstand« oder »gut konnte«, eingreift.

Das alles ist Vorspann. Der mythologisch-historische Fall wird beschworen, damit sich die damals gelungene Heilung wiederhole. Erst jetzt kommen die eigentlichen Worte des Spruchs, der den Zauber bewirkt, und hier schlägt die deutsche Lyrik, die wir kennen, denn sicher gab es schon vorher vieles, was kennenswert wäre, wenn wir es nur hätten, die Augen auf.

Wer diese Verse lobt, gerät leicht in den Verdacht der Deutschtümelei, den uns eine nationalistische ältere Germanistik, die solche »Denkmäler« zu überschätzen pflegte, eingehandelt hat. Eine nüchterne Forschung meint heute, solche Sprüche »gehören zum Bodensatz einer spätantik-germanisch-christlichen Mischkultur«, und behandelt sie, wie die Herausgeber der Klassiker-Ausgabe Walter Haug und Benedikt Konrad Vollmann, als »abgesunkenes Gut«.

Lyrik muß aber nicht originell sein, um uns anzusprechen. In den letzten Stabreimen verlassen wir die Aufzählung von Göttern und Göttinnen, die alle dasselbe tun, und widmen uns einer feierlichen Aufrufung dreifach ramponierter Körperteile, die etwas vom Kinderreim, unserer ersten Begegnung mit Gedichten hat; wie man noch heute Kindern, die sich weh getan haben, beschwichtigend Formelhaftes mit Erfolg vorsagt oder vorsingt. Wenn man die halb fremden, halb bekannten Worte laut ausspricht, merkt man gleich den Unterschied zur Übersetzung in moderne Prosa: Da wird aus *bena* (Bein, Gebein) unser knirschendes Wort »Knochen«. Doch Goethe, als Wissenschaftler der Entdecker des Zwischenkieferknochens, steht als Dichter nicht im Knochen-, sondern »im ernsten Beinhaus«, bei der Betrachtung eines Schädels, der vielleicht Schillers war.

Unter den verschiedenen »Verrenkungen« (Knochen-, Blut- und Gliederverrenkungen) können wir uns im heutigen Deutsch nichts Rechtes vorstellen, doch im Original weisen sie auf Verletzungen hin, von denen wir gar nicht so genau wissen wollen, was es damit auf sich hat. Worauf es ankommt, ist, daß Gleiches wieder zu Gleichem findet, Knochen zu Knochen, Blut zu Blut, Glied zu Gliedern: das tröstet. Oder man vergleiche die Beschwörungsformel »sose gelimida sin« mit »wie geleimt sollen sie sein«, und man erkennt, warum sich die kleine Anstrengung mit dem Original gelohnt hat. Unverkennbar ist die leichte Rauschwirkung, die von gebundener Sprache ausgehen kann.

So also hat's angefangen. Im naiven Vertrauen auf die Macht der richtigen Wörter hat sich unsere Muttersprache zuerst zu Dichtung verdichtet. Mögen Wuodan und der mysteriöse Phol noch weitere tausend Jahre »zi holza« reiten, beschützt von unserem wenn auch leider unwirksam gewordenen Segen.

Catharina Regina von Greiffenberg

Über das Unaussprechliche heilige Geistes-Eingeben!

Du ungeseh'ner Blitz du dunkel-helles Licht
du Herzerfüllte Kraft doch unbegreiflichs Wesen.
Es ist was Göttliches in meinem Geist gewesen
das mich bewegt und regt: Ich spür ein seltnes Licht.

Die Seel ist von sich selbst nicht also löblich licht.
Es ist ein Wunder-Wind ein Geist ein webend Wesen
die ewig' Atem-Kraft das Erz-Sein selbst gewesen
das ihm in mir entzünd dies Himmel-flammend Licht.

Du Farben-Spiegel-Blick du wunderbuntes Glänzen!
du schimmerst hin und her bist unbegreiflich klar
die Geistes Taubenflüg' in Wahrheits-Sonne glänzen.

Der Gott-bewegte Teich ist auch getrübet klar!
es will erst gegen ihr die Geistes-Sonn beglänzen
den Mond dann dreht er sich wird Erden-ab auch klar.

Ein seltnes Licht

Worüber man nicht reden könne, darüber möge man tunlichst schweigen, empfahl der Philosoph Ludwig Wittgenstein. Die Verfasserin unseres Gedichts verkündet indessen schon in der Überschrift, daß sie von »Unaussprechlichem« sprechen werde. So sind die Dichter: Daß sich eine Sache der Sprache entziehe, geben sie nicht ungern zu, um sie, froh über das Paradox, desto wortgewandter zu besprechen. Es geht um ein Erlebnis, das frommen Menschen seit je als Offenbarung gilt, das aber auch Ungläubige nicht bestreiten. Sigmund Freud nannte es das »ozeanische« Gefühl, während Wittgenstein es lakonisch als »das Mystische« bezeichnete, das sich »zeige«. Unbeschreiblichkeit hier wie dort.

Mystische Lyrik gebraucht als Stützpunkte oft überraschende Anekdoten, griffige Bibelzitate und sublimierte Erotik. Bei unserem Gedicht fällt dagegen ein hoher Grad von Abstraktion auf. Kosmische und Naturkräfte werden herangezogen, von Menschlichem ist nur indirekt die Rede. Die beherrschende Metapher ist das Licht, dem Himmel und Erde, Sonne und Mond zugeordnet sind.

Wir lesen ein Sonett, doch wo wir die Musik des Reims erwarten, treffen wir auf den Gleichklang der Wiederholung. Die Sprache schlägt Kreise, kommt an ihre Grenzen und kann nicht über sich hinaus. Bewegung findet nur innerhalb dieses Gleichklangs statt, ein Wasser, das nicht melodisch von einem Becken ins andere plätschert, wie in den berühmten Brunnen von Conrad Ferdinand Meyer und Rilke, sondern im geschlossenen Rhythmus auf sich selbst zurückfällt. Die Endworte

»Licht« und »Wesen« der ersten acht Zeilen, »klar« und »glänzen« der letzten sechs sind Motive und Stichworte. »Licht« ist sowohl Substantiv wie Adjektiv. Das Partizipium »gewesen«, das den Gleichlaut zum Substantiv »Wesen« abgibt, ist grammatisch abhängig von »sein«, und beide beziehen ihren Sinn vom »Erz-Sein« der siebenten Zeile.

Der Text deutet den transzendenten Zustand als eine von außen kommende Eingebung. Es sei etwas Göttliches in ihrem Geist gewesen, bekennt die Dichterin, das nicht von ihr selbst stammen könne, weil es lichter als die menschliche Seele sei. Diese Seele ist der gottbewegte Teich des zwölften Verses, der, physischen Gesetzen zum Trotz, im Wind, nämlich im Wunderwind der ewigen Atemkraft, klar bleibt und im neunten Vers das Farbenspektrum spiegelt. In den beiden letzten Versen beleuchtet die göttliche Sonne den mondähnlichen menschlichen Geist, der das geborgte Licht an die Erde weitergibt. So wirkt der Moment der Erleuchtung, als Abglanz der göttlichen Bestrahlung, im irdischen Alltag fort. Diese physikalischen Gleichnisse für die Mensch-Gott-Beziehung erinnern daran, daß im siebzehnten Jahrhundert nicht nur große religiöse Dichtung (in England: Milton und Donne), sondern auch die Grundlagen der modernen Wissenschaft entstanden.

Welche Frau verfügte damals über die Bildung, die diesem Gedicht zugrunde liegt? Und welchen Preis zahlte sie dafür? Das Fräulein von Greiffenberg, früh verwaist, wird von einem Halbbruder ihres Vaters erzogen. Dieser, dreißig Jahre älter als sie, will seinen begabten Zögling heiraten. Sie weigert sich lange, gibt schließlich nach. Der Onkel und Ehemann muß wegen Blutschande eine

Gefängnisstrafe absitzen. Im Jahre 1662, noch vor der Heirat, erschien das Werk, das lesenswert geblieben ist, die »Geistlichen Sonette, Lieder und Gedichte«. Ich stelle mir vor, daß der Hochdruck der inzestuösen Bedrängnis der Dichterin diese Leistung abforderte und daß die vollzogene Verbindung ihr die hart erworbene Folgerichtigkeit und Intensität der Sprache wieder raubte. Zwar schrieb sie noch viel und versuchte sogar, mittels alexandrinischer Verse den Kaiser zum Luthertum zu bekehren. Doch der Höhenflug war vorbei. Für die deutsche Literatur blieb Catharina Regina von Greiffenbergs Ehe unfruchtbar. Vielleicht war sie glücklich, man darf es bezweifeln.

Johann Wolfgang Goethe

Urworte. Orphisch

Daimon, Dämon
Wie an dem Tag, der dich der Welt verliehen,
Die Sonne stand zum Gruße der Planeten,
Bist alsobald und fort und fort gediehen,
Nach dem Gesetz, wonach du angetreten.
So mußt du sein, dir kannst du nicht entfliehen,
So sagten schon Sibyllen, so Propheten;
Und keine Zeit und keine Macht zerstückelt
Geprägte Form, die lebend sich entwickelt.

Tyche, Das Zufällige
Die strenge Grenze doch umgeht gefällig
Ein Wandelndes, das mit und um uns wandelt;
Nicht einsam bleibst du, bildest dich gesellig,
Und handelst wohl so wie ein andrer handelt:
Im Leben ist's bald hin- bald widerfällig,
Es ist ein Tand und wird so durchgetandelt.
Schon hat sich still der Jahre Kreis geründet,
Die Lampe harrt der Flamme die entzündet.

Eros, Liebe
Die bleibt nicht aus! – Er stürzt vom Himmel nieder,
Wohin er sich aus alter Öde schwang,
Er schwebt heran auf luftigem Gefieder
Um Stirn und Brust den Frühlingstag entlang,
Scheint jetzt zu fliehn, vom Fliehen kehrt er wieder,
Da wird ein Wohl im Weh, so süß und bang.
Gar manches Herz verschwebt im Allgemeinen,
Doch widmet sich das edelste dem Einen.

Ananke, Nötigung

Da ist's denn wieder wie die Sterne wollten:
Bedingung und Gesetz und aller Wille
Ist nur ein Wollen, weil wir eben sollten,
Und vor dem Willen schweigt die Willkür stille;
Das Liebste wird vom Herzen weggescholten,
Dem harten Muß bequemt sich Will' und Grille.
So sind wir scheinfrei denn nach manchen Jahren
Nur enger dran als wir am Anfang waren.

Elpis, Hoffnung

Doch solcher Grenze, solcher ehrnen Mauer
Höchst widerwärt'ge Pforte wird entriegelt,
Sie stehe nur mit alter Felsendauer!
Ein Wesen regt sich leicht und ungezügelt:
Aus Wolkendecke, Nebel, Regenschauer
Erhebt sie uns, mit ihr, durch sie beflügelt,
Ihr kennt sie wohl, sie schwärmt durch alle Zonen;
Ein Flügelschlag – und hinter uns Äonen!

Die Pforte entriegeln

Über kein anderes Goethe-Gedicht ist mehr geschrieben worden als über dieses, und das will was heißen! Und doch ist kaum ein anderes so leicht zu verstehen. Es leuchtet sofort ein, man kann sich gar nicht irren. Der Text zählt die Bestandteile des menschlichen Lebens auf: die angeborenen Charaktereigenschaften, der Zufall, der sie durchkreuzt, die Liebe als ein herrschendes Prinzip, die äußeren Umstände, denen man sich fügen muß, die transzendierende Hoffnung. Das alles eingepackt in altgriechische Begriffe und in die gemessene Form der Stanze, elfsilbige Verse von je acht Zeilen, wobei das letzte reimende Zeilenpaar dem jeweils abgehandelten Thema eine Endgültigkeit gibt, die die nächste Strophe allerdings relativiert oder neu beleuchtet.

Die Selbstsicherheit des Sprechers könnte irritieren, wie er seine antiken Quellen lehrreich aufzählt, seine »Urworte« in eine ehrwürdige Tradition einreiht (unter Sybillen und Propheten und die Sternzeichen des Zodiaks), ihnen sozusagen einen Stammbaum gibt. Doch das Gedicht ist nicht nur ein Nebeneinander von gleichwertigen Steinen der Weisheit, nicht nur Aufzählung, sondern auch Entwicklung, ein Nacheinander. Wenn man dem letzteren Aspekt den Vorzug über die ruhenden Bauklötze gibt, so wird's ein Rückblick vom Angelpunkt der vierten Strophe, wo der Mann der reifen Jahre mit der Ananke, der Nötigung, abrechnet. Im Oktober 1817, als er das Gedicht verfaßte, war Goethe 68 Jahre alt, und nach der damaligen Lebenserwartung ein Mensch, der in absehbarer Zeit mit dem Tod rechnen mußte.

»Urworte« beginnt mit einem Geburtstag und dem, was wir heute Gene nennen, mit der festgefügten »Individualität«, wie Goethe das griechische »Daimon« interpretierte. In der zweiten Strophe ist das Neugeborene zum Kind gewachsen und lernt, oder bildet sich, durch kindisches »Tandeln« und durch Nachahmung (»handelst wohl so wie ein andrer handelt«). Es greift von einem Spielzeug zum anderen, geht von einer Beschäftigung, vom Zufall geleitet, zur nächsten. Ein intimes »du«, das nicht wiederkommen wird, waltet in den ersten beiden Strophen. Im letzten Zweizeiler hat sich »der Jahre Kreis geründet«: man wächst aus dem präpubertären Zustand in eine Jugend, die vom Eros beherrscht ist.

Der Anfang der dritten Strophe bezieht sich auf die vorhergehende »Flamme«, bezeichnet also den Übergang von einer Lebensphase zur nächsten, den chronologischen Aufbau bestätigend. Der junge Erwachsene mit seiner Liebe und seinem Idealismus verläßt schließlich das »verschwebende Allgemeine«, findet einen Partner und einen festen Platz in der Gesellschaft.

Und nun, in der vierten Strophe, die Gegenwart des reifen oder alternden Menschen, wo Ernüchterung herrscht: »Das Liebste wird vom Herzen weggescholten« – besser kann man bittere Enttäuschung nicht ausdrücken. Ein allgemeingültiges »wir« herrscht vor. »Nach manchen Jahren« hat sich der scheinfreie Wille als ein »hartes Muß« entpuppt, »ein Wollen, weil wir eben sollten«. Jetzt ändert sich nichts mehr, man paßt sich an, weil's nicht anders geht, man merkt, wie sehr Streben und Entscheidungen von außen auferlegt gewesen sind. Man fragt sich: Ist das alles? Das war's schon?

Und das wäre das Ende, käme nicht die dramatische Wendung in der fünften Stanze. Der illusionslose Alte der vierten, den, in des Dichters ausführlicher Erläuterung, »die Gegenwart also gefangen hält,« hat doch noch Zukunft, wenn auch nicht in dieser Welt. Typisch für Goethe, daß er das Wort »Tod«, auch im Kommentar, ausspart, obwohl doch nur er die »widerwärt'ge [im Sinne von Widerstand leistende] Pforte« zu entriegeln vermag.

So stehen am Ende »Zeilen«, so Goethe, »zu denen jedes feine Gemüt sich gern den Kommentar sittlich und religios zu bilden übernehmen wird«. Elpis ist freilich ein leichtes Fabelwesen aus unverbindlichen Mythologien. In der Spannung zwischen dem Gesetz mit seiner »Felsendauer« und dem unbeschränkten Geist, der im Überirdischen zu Hause ist, hat sie nur den Flügelschlag der Seele zu bieten und verspricht uns eine Freiheit, die wir nie gehabt haben. Und doch kommt in einem weltumfassenden »Ihr« alles Vorhergehende zum Vibrieren, die Idee setzt sich gegen die Wirklichkeit durch, die Poesie siegt, Orpheus bringt mit seiner Musik die Quadern in Bewegung und hat das letzte Wort.

Friedrich Schiller

Untertänigstes pro memoria

an die Konsistorialrat Körnerische weibliche Waschdeputation in Loschwiz eingereicht von einem niedergeschlagenen Trauerspieldichter

Bittschrift

Dumm ist mein Kopf und schwer wie Blei,
die Tobaksdose ledig
Mein Magen leer – der Himmel sei
dem Trauerspiele gnädig.

Ich kratze mit dem Federkiel
auf den gewalkten Lumpen;
Wer kann Empfindung und Gefühl
aus hohlem Herzen pumpen?

Feur soll ich gießen aufs Papier
mit *angefrornem* Finger? – –
O Phöbus, hassest du Geschmier,
so wärm auch deine Sänger.

Die Wäsche klatscht vor meiner Tür,
es scharrt die Küchenzofe –
und mich – mich ruft das Flügeltier
nach König Philipps Hofe.

Ich steige mutig auf das Roß,
in wenigen Sekunden
seh ich Madrid – am Königsschloß
hab ich es angebunden.

Ich eile durch die Galerie
und – siehe da! – belausche
die junge Fürstin Eboli
in süßem Liebesrausche.

Jetzt sinkt sie an des Prinzen Brust,
mit wonnevollem Schauer,
in *ihren* Augen Götterlust,
doch in den *seinen,* Trauer.

Schon ruft das schöne Weib Triumph
schon hör ich – Tod und Hölle!
Was hör ich? – einen nassen Strumpf
geworfen in die Welle.

Und weg ist Traum und Feerei,
Prinzessin, Gott befohlen!
Der Teufel soll die Dichterei
beim Hemderwaschen holen

gegeben
in unserm jammervollem Lager
ohnweit dem Keller.

F. Schiller.
Haus- und WirtschaftsDichter.

Der angebundene Pegasus

Es ging ihm gar nicht so schlecht. Es war im Oktober des Jahres 1785, er hatte das Jubellied »An die Freude« gedichtet, war noch keine 26 und schon berühmt und obendrein bei guten Freunden, den Körners, zu Gast in ihrem Landhaus bei Dresden. Sie hatten ihm ein Zimmer eingerichtet, mit dem er, der an wenig Komfort gewöhnt war und trotz frühen Ruhms mittellos dastand, zufrieden sein konnte. Allerdings: »Nur ein schmaler Gang trennte sein Zimmer von der Waschküche, dem Winzerstübchen und dem Kuhstalle, in welchem zwei Kühe standen.«

Ein Großreinemachen wurde angeordnet, die Gastfreunde flohen, der Gast blieb, um sich seiner Arbeit zu widmen. Aus Versehen wurde die Speisekammer abgesperrt, und außerdem hatte das schöne Zimmer mit seinen grünseidenen Vorhängen, Großvaterstuhl und Schreibtisch keinen Ofen aufzuweisen. Störte ihn das wäschewaschende Personal beim Schreiben doch mehr, als er erwartet hatte, oder gab er nur vor, es sei so unmusisch hergegangen, um die Freunde bei ihrer Rückkehr ein wenig aufzuziehen? Die Gastgeberin Minna Körner berichtete später: »Jedenfalls verdanken wir diesen trübseligen Zuständen ein sehr heiteres Gedicht.«

Es wird ihm ja immer ein tierischer Ernst nachgesagt, und schon zu Lebzeiten hat man ihn parodiert. In der »Bittschrift« macht er sich über sich selber lustig und parodiert obendrein eine seiner Liebesszenen. Oder ist es gar keine Liebesszene, diese Begegnung in Akt II, 8, wo die Prinzessin Eboli und Carlos beharrlich aneinander vorbeireden und sich mit jedem Satz mehr und mehr verstricken und mißverstehen? Ist sie nicht eher ein Beispiel für die Scheuklappen eines hartnäckigen, beiderseitigen Egoismus? Am Ende der Szene geht beiden ein Licht auf, wie sehr sie sich ineinander getäuscht haben. Findet diese Ernüchterung vielleicht in dem nassen Strumpf, der ins Wasser klatscht, ihre komische Entsprechung?

Verbaler Humor besteht oft auf der Wörtlichkeit einer Metapher: zum Beispiel, was macht ein ordnungsliebender Dichter mit seinem Flügelpferd, wenn er am Ziel ist? Die einleuchtende Antwort auf diese praktische Frage, die bis dahin wohl noch niemand gestellt hatte, lautet: am Königsschloß anbinden. Schiller war im April 1785 geschlagene acht Tage lang von Mannheim nach Leipzig gefahren, »durch Morast, Schnee und Gewässer« behindert. Zum phantastischen Sekundenflug nach Madrid gehören Erinnerungen an die wirklichen Reisestrapazen der Zeit.

Das Thema des Gedichts ist der Gegensatz zwischen »Ideal und Leben«, also eine Dichotomie oder Dialektik, die Schillers eigenstes und eigentlichstes Anliegen war und weiterhin blieb, hier veranschaulicht durch »Traum und Feerei« einerseits, »Hemderwaschen« andererseits. Die hohe Kunst wird in der zweiten Strophe auf den materiellen Vorgang der damaligen Schreibtechnik reduziert, ein Kratzen auf Lumpen, und in der ersten und dritten wird des frierenden Dichters Verlangen nach Tabak und Brot ausgespielt gegen seine Aufgabe, »Empfindung und Gefühl« in schöne Worte zu verwandeln.

Schiller wußte: »Der Mensch ist noch sehr wenig, wenn er warm wohnt und sich satt gegessen hat, aber er muß warm wohnen und satt zu essen haben, wenn sich die bessere Natur in ihm regen soll.« Ein Stück Alltag aus dem bürgerlichen Leben kollidiert in der »Bittschrift«

mit den erstrebten Höhenflügen der idealistischen Dichtkunst und legt die Unzulänglichkeit dieses Strebens in komisch-verzweifelten Versen bloß. Schiller hat nie einen Augenblick geglaubt, es sei leicht, sich für materielle Bedrängnisse durch geistige Genüsse zu entschädigen. Er meinte immer nur, es sei der Mühe wert, es zu versuchen. In unserem Gedicht mißlingt der Versuch erst einmal. Der Don Carlos entstand trotzdem und lebt immer noch.

Friedrich Schiller

Rousseau

Monument von uns're Zeiten Schande,
Ew'ge Schmachschrift deiner Mutter Lande,
    Rousseaus Grab! gegrüßet seist du mir.
Fried und Ruh den Trümmern deines Lebens,
Fried und Ruhe suchtest du vergebens,
    Fried und Ruhe fandst du hier!

Wann wird doch die alte Wunde narben?
Einst war's finster und die Weisen starben,
    Nun ist's lichter und der Weise stirbt.
Sokrates ging unter durch Sophisten,
Rousseau leidet, Rousseau fällt durch Christen,
    Rousseau – der aus Christen Menschen wirbt.

Unvollendete Aufklärung

Schiller ist der meist parodierte deutsche Lyriker, und das kommt daher, daß er auch der meist zitierte ist. Teils durch die Schulbücher, die nicht genug von ihm kriegen konnten, war er lange Zeit vielleicht auch der einflußreichste. Zu den besten zählte er nie. Nur wenige Gedichte sind ihm gelungen, und diese, wie »Nänie«, waren und sind nicht unter den bekannteren. Seine Gedichte haben das Sprachgefühl von Generationen beeinflußt, aber wie begrüßenswert dieser Einfluß war, bleibt fraglich. Da sind erstens die poetischen Sünden in den oft hastig geschriebenen Balladen, dazu kommen die vielen gleichförmigen Strophen in der Gedankenlyrik, die zur Leierkastenmusik gerinnen, wenn der Dichter in steter Steigerung mit einer klassischen Metapher nach der anderen aufwartet. Man möchte rufen: »Zuviel des Guten« und »less is more«.

Doch das eigentliche Problem der Schillergedichte ist der hohe Ton, das Pathos, das uns Heutige verdrießt und mißtrauisch stimmt, weil wir erfahren haben, wie gut es sich damit lügen läßt. Nur gibt es auch Umstände und Gedichte, wo der hohe Ton am Platz ist und uns in seine Schwingungen mitreißt. So wie der überströmende Rausch der Begeisterung von »An die Freude« heute noch überzeugt (wenn auch mit Hilfe Beethovens), so macht sich im Gedicht »Rousseau« eine schäumende Empörung Luft, die mit den Behinderungen und Beschränkungen der vorrevolutionären Zeit sowie Schillers eigenen unglücklichen Schuljahren wohl noch mehr zu tun hat als mit dem Philosophen, dessen Werk Schiller erst später gründlich studierte – obwohl er sicher schon in der Karlsschule durch seinen freidenkenden und verehrten Lehrer Jakob Friedrich Abel in Rousseaus Grundgedanken eingeführt wurde. Rousseaus Einfluß auf eine Generation, die gegen scheinbar festgefrorene Formen und Normen ihrer Zivilisation aufbegehrte, war enorm. Freilich bestätigt Schiller das »tintenklecksende Säkulum«, über das er sich in den »Räubern« ereifert, wenn er ausgerechnet einen Schriftsteller zum Heiligen erhöht.

Der Anstoß des Gedichts war ein emotionaler Nachruf im »Teutschen Merkur« auf Rousseaus Tod im Jahre 1778, und das Gedicht dürfte im selben Jahr entstanden sein. Es erschien zweimal, zuerst mit 14 Strophen im Musen-Almanach auf das Jahr 1782 und 20 Jahre später noch einmal, auf die hier vorliegenden zwei Strophen verkürzt, in der von Schiller selbst besorgten Sammlung seiner Gedichte. Schillers Geschmack hatte sich verfeinert, der lange Strumpf, zu dem er in seiner Jugend immer neue Strophen hinzugestrickt hatte, in denen es von »Basiliskenpfeilen«, »Krokodilsgeheule« und »Trillingsdrachen« wimmelte, war ihm wohl selbst nicht mehr geheuer. Er wählte Strophe 1 und 7, ohne sich darum zu kümmern, daß die erste Zeile der letzteren (»Wann wird doch die alte Wunde narben?«) ein bißchen zusammenhanglos dasteht. Doch abgesehen von dem Hinweis auf Sokrates, durch den er Rousseau in die Reihe der geächteten Denker einreiht, ist hier nichts mehr von weit hergeholt. Rousseau ist, wie Sokrates, ein Märtyrer des Geistes, Opfer einer falschen oder falsch interpretierten Religion. – Die »Mutterlande« (Plural!) sind Frankreich und die Schweiz.

Verstärkt durch Wiederholung (Vers 4 und 5), erinnern Frieden und Ruhe des Grabs, das doch ein »Monument der Schande« ist, an die Worte des Marquis Posa, der ein paar Jahre später die Wirkung staatlicher und kirchlicher Repressionen die »Ruhe eines Kirchhofs« nennen wird. Die Ironie der Klage: »Einst war's finster ... nun ist's lichter«, trifft das uneingelöste Versprechen der Aufklärung. Im letzten Vers steht der Mensch höher als der Christ, als sei das Christentum eine primitivere Denkform, aus der sich der Humanismus der Aufklärung schält.

Der klingende Name im Titel ist Fanfare zum Feldzug gegen die Verstümmelung genialer Fähigkeiten schlechthin. Bei aller Auflehnung und Ablehnung ist diese Kurzfassung eines Jugendgedichts noch immer und vor allem ein Glaubensbekenntnis zum idealen Menschen.

Annette von Droste-Hülshoff

Am Turme

Ich steh' auf hohem Balkone am Turm,
Umstrichen vom schreienden Stare,
Und lass' gleich einer Mänade den Sturm
Mir wühlen im flatternden Haare;
O wilder Geselle, o toller Fant,
Ich möchte dich kräftig umschlingen,
Und, Sehne an Sehne, zwei Schritte vom Rand
Auf Tod und Leben dann ringen.

Und drunten seh' ich am Strand, so frisch
Wie spielende Doggen, die Wellen
Sich tummeln rings mit Geklaff und Gezisch,
Und glänzende Flocken schnellen.
O, springen möcht' ich hinein alsbald,
Recht in die tobende Meute,
Und jagen durch den korallenen Wald
Das Walroß, die lustige Beute!

Und drüben seh' ich ein Wimpel wehn
So keck wie eine Standarte,
Seh' auf und nieder den Kiel sich drehn
Von meiner luftigen Warte;
O, sitzen möcht' ich im kämpfenden Schiff,
Das Steuerruder ergreifen,
Und zischend über das brandende Riff
Wie eine Seemöve streifen.

Wär ich ein Jäger auf freier Flur,
Ein Stück nur von einem Soldaten,
Wär ich ein Mann doch mindestens nur,
So würde der Himmel mir raten;
Nun muß ich sitzen so fein und klar,
Gleich einem artigen Kinde,
Und darf nur heimlich lösen mein Haar,
Und lassen es flattern im Winde!

Haare, Frauenhaare, rahmen in den ersten und letzten vier Versen das Gedicht ein. Haare unterliegen in hohem Maße nicht nur der Mode, sondern auch der Sitte. Sie bedeuten Freiheit oder Unterwerfung, je nachdem, Haare unter der Haube für die Matrone, geschorene Haare für die Nonne oder als Strafe für die Hure, geknotete Haare als Zeichen von Zurückhaltung, lose Haare – aber da sind wir schon bei unserem Gedicht, in dem sie unerlaubt wild im Winde flattern. Eine umständliche Frisur besagt auch heute noch, daß ihre Trägerin über Geld und Zeit verfügt. Auf allen überlieferten Porträts trägt Droste-Hülshoff ihr Haar auf so komplizierte Weise gewickelt und aufgesteckt, daß jeder gleich weiß, was für eine feine Dame und klare, anständige Frau er da anschaut. So aber, meint sie im Gedicht, putzt man artige Kinder heraus.

»Am Turme« stammt aus Meersburg am Bodensee, in dem die Dichterin, nach der zweiten Strophe zu schließen, nicht ungern gebadet hätte. Sie war damals, im Jahr 1842, Mitte vierzig, eine unverheiratete, also unabhängige, privilegierte Frau, soweit man als Frau unabhängig und privilegiert sein konnte. Eben das bestreitet sie: Die Erwachsene sieht sich zum Kind erniedrigt, fein und klar, nur Männer werden mündig.

Doch die Gedanken sind frei, gerade im Turm, im Gefängnis. Es beginnt mit einer kaum verhüllten erotischen Phantasie, worin das weibliche Ich einen »wilden Gesellen«, wenn er auch nur der Wind ist, »kräftig umschlingt«. Auffallend ist die aktive Rolle, die die Frau sich dabei erträumt. Die Betonung liegt deutlich auf der Gleichheit bei einem Körperkontakt, der sich ja nicht umsonst als Männersport, als Ringkampf, gibt, den sie sogar gewinnen könnte, wenn auch unter Einsatz ihres Lebens.

Ich denke dabei an das Märchen von Rapunzel, die, gefangen im Turm, auch ihr Haar für einen Mann löst. Man kann unser Gedicht als moderne Umkehrung des Märchens lesen, denn Rapunzel wünscht sich nur den Geliebten, der an ihren Haaren hochklettert, während Drostes »Mänade« sich in kein passives Frauenschicksal retten, sondern kämpfend aus einem solchen hinaus in einen aktiven Beruf, wie Steuermann, Jäger, Soldat, treten möchte. Drunten am Strand ist Freiheit, der Bodensee weitet sich zum Weltmeer, mit Walroß und Korallen. Die zwei mittleren Strophen sind ein Schrei nach körperlicher Betätigung. Die Sprecherin möchte mitjagen, handeln, eingreifen in ein Leben, das sie jetzt nur aus der Distanz beobachtet.

Der Steuermann hat es ihr besonders angetan: selbst steuern hieße fliegen können. Schließlich kommt das eigentliche Problem unverblümt zur Sprache: Sogar der Himmel hält's mit den Männern, das mindeste, was man sein müßte, wäre ein Mann. An dieser Stelle sackt ihre Lebenskraft zusammen, die Frau schrumpft zum kleinen Mädchen, das mit seinen Haaren spielt, das Gedicht endet in Betrübnis, in einem Rückzug aus der Phantasie in die Wirklichkeit.

Droste-Hülshoff war politisch konservativ und konnte, wie die meisten Menschen, nicht über ihren Schatten, sprich Erziehung und Stand, springen. Bevormundet von ihrer Familie, ließ sie sich diese Bevormundung auch weitgehend gefallen und hat doch die unsinnigen Beschränkungen, die den Frauen auferlegt wurden, die der geistigen wie die der Bewegungsfreiheit, immer als Last und als ungerecht empfunden.

Schon als Neunzehnjährige hatte sie geschrieben: »Fesseln will man uns am eignen Herde! / Unsre Sehnsucht nennt man Wahn und Traum, / Und das Herz, dies kleine Klümpchen Erde, / Hat doch für die ganze Schöpfung Raum!« In »Am Turme« fand sie Bild und Ausdruck für diese Fesseln und diese Sehnsucht. Existentiell empfunden statt ideologisch angehaucht, gelang ihr so das erste und vielleicht das beste feministische Gedicht in deutscher Sprache.

Heinrich Heine

Babylonische Sorgen

Mich ruft der Tod – Ich wollt, o Süße,
Daß ich dich in einem Wald verließe,
In einem jener Tannenforsten,
Wo Wölfe heulen, Geier horsten
Und schrecklich grunzt die wilde Sau,
Des blonden Ebers Ehefrau.

Mich ruft der Tod – Es wär noch besser,
Müßt ich auf hohem Seegewässer
Verlassen dich, mein Weib, mein Kind,
Wenngleich der tolle Nordpolwind
Dort peitscht die Wellen, und aus den Tiefen
Die Ungetüme, die dort schliefen,
Haifisch' und Krokodile, kommen
Mit offnem Rachen emporgeschwommen –

Glaub mir, mein Kind, mein Weib, Mathilde,
Nicht so gefährlich ist das wilde,
Erzürnte Meer und der trotzige Wald,
Als unser jetziger Aufenthalt!
Wie schrecklich auch der Wolf und der Geier,
Haifische und sonstige Meerungeheuer:
Viel grimmere, schlimmere Bestien enthält
Paris, die leuchtende Hauptstadt der Welt,
Das singende, springende, schöne Paris,
Die Hölle der Engel, der Teufel Paradies –
Daß ich dich hier verlassen soll,
Das macht mich verrückt, das macht mich toll!

Mit spöttischem Sumsen mein Bett umschwirrn
Die schwarzen Fliegen; auf Nas und Stirn
Setzen sie sich – fatales Gelichter!
Etwelche haben wie Menschengesichter,
Auch Elefantenrüssel daran,
Wie Gott Ganesa in Hindostan. – –
In meinem Hirne rumort es und knackt,
Ich glaube, da wird ein Koffer gepackt,
Und mein Verstand reist ab – o wehe –
Noch früher als ich selber gehe.

Der Koffer im Kopf

Kein deutscher Dichter ist so lange, so langsam und so hellwach gestorben wie Heine: zunehmende Lähmung, kontinuierliche Schmerzen, unaufhaltsamer körperlicher Verfall, jahrelange Bettlägerigkeit. In den Gedichten jener Zeit läßt sich der kritische Geist des Leidenden nicht, oder kaum, unterkriegen und macht sich oft über das eigene Selbstmitleid lustig. Alle Ängste steigen in ihm auf, und er stellt alle Ängste bloß.

»Babylonische Sorgen« stammt aus dem Jahre 1853, drei Jahre vor Heines Tod. Der Sterbende spricht die Frau an, die ihn überleben wird. Er gibt sich beunruhigt bei dem Gedanken, wie sie ohne ihn auskommen, welchen Gefahren sie ausgesetzt sein wird und daß er sie nicht mehr beschützen kann. Aber sehen wir näher hin. Was sich in den Mantel liebevoller Für- und Vorsorge hüllt, ist eine Mischung aus Eifersucht, Lebensneid und Todesangst. Die wird's gut haben, wenn ich tot bin, und sie soll nur nicht glauben, daß der Genuß etwas Wünschenswertes ist. Das Ehemotiv wird obsessiv gleich zu Anfang angeschlagen, wenn die wilde Sau als »Ehefrau« des »blonden Ebers« dahergrunzt.

Die Schreckensgestalten entspringen zuerst dem Märchenwald des Festlands, dann kommen die Gruseltiere aus dem Meer. Heine wird gewußt haben, daß Krokodile und Haifische nicht in denselben Gewässern hausen und daß der »Nordpol-Wind« weder die einen noch die anderen behelligt. Es geht aber nicht um Naturkunde, sondern um die Hirngespinste eines Kranken, der sich als »verrückt« und »toll« bezeichnet, und da sind Kälte sowie tropische und nordische Tiere mit scharfen Zähnen, dazu krächzende Vögel, ganz richtig am Platz. Sie sind die Ungetüme des Unbewußten, daher eine bunte Mischung von Furcht- und Ekelerregern. Er, der Dichter, ist es, nach dem sie mit »offenem Rachen« schnappen, sie sind Ausgeburten seiner Verzweiflung.

Hingegen sind die Gefahren, die Mathilde bedrohen, erotisch gefärbt, wie schon der Titel aussagt, mit seinem Hinweis auf Babylon, die Stadt der flackernden Feste, der Unzucht und des Exils und Schauplatz von Heines frühem Gedicht »Belsatzar«. Hüte dich vor der Stadt Paris, sagt der Sterbende, sie ist sündig wie das Leben selbst, wie die Liebe. In diesem Scheinparadies mitzuspielen rächt sich, darum sei brav und laß es sein. Das sind die sauren Trauben des Scheidenden. Denn der Dichter ist ein Sensualist, der weder an Engel noch an Teufel glaubt, nicht einmal als Symbole von Gut und Böse. Er bleibt dem Hier und Jetzt verpflichtet. So ist auch der Rhythmus seiner Warnungen der Rhythmus der Lebensfreude und lädt, bei negativen wie bei positiven Bildern, eher zum Tanzen als zur Buße ein. Der Vers »Das singende, springende, schöne Paris« ist dem Klang nach dasselbe wie »viel grimmere, schlimmere Bestien enthält / Paris, die leuchtende Hauptstadt der Welt«.

In der dritten Strophe wechselt die Kulisse: Wir sind am Bett des geplagten Dichters. Die Ungeheuer sind zu häßlichen Fliegen geschrumpft, die allerdings wie Menschen und Götter aussehen. Das Indien von Heines Jugendwerken war ein reines, lauteres Land der Sehnsucht gewesen, jetzt ist der indische Gott mit dem Elephantenrüssel (der übrigens auch als Schutzgott für Eheleute galt) ein widerliches Insekt seines Krankenzimmers. Spätestens hier wird deutlich, daß die erträumten Bestien ihm und nicht der quietschgesunden Mathilde nachstellten. Fazit und Coda zu den vorhergegangenen Phantasmen sind die nüchternen letzten vier Verse, in denen der vom Alpdruck Verfolgte seinen Verstand beim Kofferpacken ertappt.

Die Zeitgenossen konnten mit diesem Ton nichts anfangen. Da hieß es: »Die Gedichte in den vermischten Schriften gewähren uns das betrübliche Schauspiel einer im Zusammensinken begriffenen poetischen Kraft« und »die alten süßen Töne aus dem Buch der Lieder sind vollständig verloren gegangen; sie bewegen sich nur in häßlichen, abscheulichen Vorstellungen und werden von einer krampfhaften Todesfurcht unheimlich angehaucht.« Eben. Hier sprach einer, der seinen Lesern nichts vormachte, einer der wirklich in einem todkranken Körper steckte und sich beim Sterben zuschaute. Die »süßen Töne« der Spätromantik waren in der Matratzengruft zur schmerzlichen Erinnerung verblaßt. Heine war zum Psychologen der Todeserwartung und zum modernen Lyriker geworden.

August Heinrich Hoffmann von Fallersleben

Das Lied der Deutschen

Deutschland, Deutschland über alles,
Über alles in der Welt,
Wenn es stets zu Schutz und Trutze
Brüderlich zusammenhält,
Von der Maas bis an die Memel,
Von der Etsch bis an den Belt –
Deutschland, Deutschland über alles,
Über alles in der Welt!

Deutsche Frauen, deutsche Treue,
Deutscher Wein und deutscher Sang
Sollen in der Welt behalten
Ihren alten schönen Klang,
Uns zu edler Tat begeistern
Unser ganzes Leben lang –
Deutsche Frauen, deutsche Treue,
Deutscher Wein und deutscher Sang!

Einigkeit und Recht und Freiheit
Für das deutsche Vaterland!
Danach laßt uns alle streben
Brüderlich mit Herz und Hand!
Einigkeit und Recht und Freiheit
Sind des Glückes Unterpfand –
Blüh' im Glanze dieses Glückes,
Blühe, deutsches Vaterland!

Der Weg zur dritten Strophe

Vielleicht ist der Hamburger Verleger Campe daran schuld, daß unter dem Wust patriotischer Gedichte der nachnapoleonischen Zeit »Das Lied der Deutschen« zum berühmtesten und berüchtigtsten wurde. Denn Campe veröffentlichte diesen unbedeutenden Text im September 1841 zusammen mit Haydns Kaiserhymne, der Melodie, die es zum Lied machte und ihm Flügel gab.

Hoffmann von Fallersleben, Verfasser der Kinderlieder »Ein Männlein steht im Walde«, »Kuckuck, Kuckuck ruft's aus dem Wald« und »Wer hat die schönsten Schäfchen?«, war ein liberaler, aufrechter Germanist, der sein Amt dank seiner »Unpolitischen Lieder« (die natürlich politisch waren) verlor und dem, wie seinem Altersgenossen Heine, die Kleinstaaterei, das Philistertum, die Reste des Feudalismus zuwider waren. Heine erwähnt ihn freundschaftlich in »Deutschland. Ein Wintermärchen«, wenn er von den »konfiszierlichen Büchern« im eigenen Kopf sagt: »Sie sind gefährlicher noch als die / Von Hoffmann von Fallersleben.« Weit entfernt davon, mit dem Säbel zu rasseln, schrieb Hoffmann im selben Sommer 1841, in dem das Deutschlandlied entstand, die Verse: »Sind nur darum Europas Staaten, / Daß die Soldaten grünen und blühn? / Müssen für drei Millionen Soldaten / Unsre zweihundert Millionen sich mühn? // [...] Ganz Europa ist eine Kaserne, / Alles Dressur und Disziplin.«

Und trotzdem schleppt das Deutschlandlied den ganzen Schlamm von hundertfünfzig Jahren nationalistischer Überheblichkeit mit. 1841 konnte es noch als legitimer Patriotismus gelten, wenn der Dichter die deutsche

Sprachgrenze umreißt, also ein kulturelles Deutschland beschwört, das seine politische Zersplitterung überwinden soll, nicht eines, das imperialistische Gelüste hegt. Später liest sich derselbe Text als bedrohlich für die Nachbarn. Mit »über alles in der Welt« und dem auftrumpfenden »Schutz und Trutze« war allerdings von Anfang an ein aggressiv-kämpferischer Ton angeschlagen, der schon 1867 Mißbilligung im französischen Parlament erregte. Im Ersten Weltkrieg wurde das »Deutschlandlied« zum Kriegslied und in der Weimarer Republik zur Nationalhymne, in Reaktion auf die Niederlage. Durch die Nazis erhielt es schließlich die schillernd bösartige Aura eines absoluten Machtanspruchs, der bereit ist, alles zu zerstören, was sich ihm in den Weg stellt. Im besetzten Deutschland war das Lied verboten. 1952 kürten Adenauer und Heuss die dritte Strophe zur offiziellen Hymne der Bundesrepublik Deutschland. Diese brave, farblose Endstrophe ohne Auftakt steht sozusagen kopflos im Raum, als sei das Lied erst hingerichtet und dann der Rumpf künstlich neu belebt worden.

Leider ist die anrüchige erste Strophe poetisch die beste. Genaue Angaben sind auch in der Lyrik wirkungsvoll, und die geographischen Namen, eingeklammert in das begeisterte Bekenntnis zur Einheit, haben eine Zugkraft, einen gewissen Sog, die den blassen Abstraktionen der letzten Strophe fehlen. Die zweite, schwächste Strophe behandelt die halbe Bevölkerung, nämlich die Frauen, als Exportware von gutem Ruf wie Wein. Zwar ist es nicht so gemeint, doch es liegt im Wesen minderwertiger Literatur, daß oft etwas peinlich anderes dasteht, als gemeint war. Und das trifft im Grund auf das ganze Gedicht zu, das beispielhaft ist für ein Werk, in dem sich einzelne Elemente verselbständigt haben wie ein unheilbarer Krebs. Im heutigen englischen Sprachgebrauch bezeichnen die beiden deutschen Wörter »über alles« einen scheuklappenhaften Fanatismus. Bei internationalen Anlässen hört die Welt immer noch die erste Strophe, auch wenn die harmlose dritte gesungen oder auch nur Haydns Musik gespielt wird.

Durchschnittslyrik ist nicht so widerstandsfähig wie gute Verse. Sie löst sich leichter von ihren Ursprüngen und hängt mehr von Wind und Wetter ab. Das Deutschlandlied ist ein Palimpsest, wo die Phasen eines erst anschwellenden, dann aus allen Fugen geratenen und wieder abflauenden Nationalismus übereinander auf dasselbe Blatt geschrieben sind, ein poetisches Vexierspiel für Kenner deutscher Geschichte.

Eduard Mörike

Die Geister am Mummelsee

Vom Berge was kommt dort um Mitternacht spät
Mit Fackeln so prächtig herunter?
Ob das wohl zum Tanze, zum Feste noch geht?
Mir klingen die Lieder so munter.
O nein!
So sage, was mag es wohl sein?

Das, was du da siehest, ist Totengeleit,
Und was du da hörest, sind Klagen.
Dem König, dem Zauberer, gilt es zu Leid,
Sie bringen ihn wieder getragen.
O weh!
So sind es die Geister vom See!

Sie schweben herunter ins Mummelseetal –
Sie haben den See schon betreten –
Sie rühren und netzen den Fuß nicht einmal –
Sie schwirren in leisen Gebeten –
O schau,
Am Sarge die glänzende Frau!

Jetzt öffnet der See das grünspiegelnde Tor;
Gib acht, nun tauchen sie nieder!
Es schwankt eine lebende Treppe hervor,
Und – drunten schon summen die Lieder.
Hörst du?
Sie singen ihn unten zur Ruh.

Die Wasser, wie lieblich sie brennen und glühn!
Sie spielen in grünendem Feuer;
Es geisten die Nebel am Ufer dahin,
Zum Meere verzieht sich der Weiher –
Nur still!
Ob dort sich nichts rühren will?

Es zuckt in der Mitten – o Himmel! ach hilf!
Nun kommen sie wieder, sie kommen!
Es orgelt im Rohr und es klirret im Schilf;
Nur hurtig, die Flucht nur genommen!
Davon!
Sie wittern, sie haschen mich schon!

Es orgelt im Rohr

Der Mummelsee im Schwarzwald ist von alters her berühmt für seine Sagen und Legenden. Schon Grimmelshausens Simplicius fand bei den dort ansässigen Geistern Trost und Zuflucht vor Krieg und Politik. Im märchenlesenden, märchensammelnden neunzehnten Jahrhundert glaubten allerdings selbst die Kinder nicht mehr an eine real existierende Geisterwelt. Und doch haben die besten Dichter der Zeit die alten Wundermären ernst genommen und sie literarisch verarbeitet.

Spukgestalten aus Stadt, Berg und See kommen häufig in Mörikes Lyrik vor. In unserem Gedicht geht's prächtig, aber auch gruselig zu. Der Dichter malt in leuchtenden Farben und klaren Rhythmen eine Prozession, die zunächst zu einem Fest im (nicht am!) See zu ziehen scheint, die sich aber als die Bestattung eines übernatürlichen Königs entpuppt. Die Trauernden sind vom Berg zum See heruntergestiegen, mit Fackeln, Gebeten und Liedern, eine »lebende Treppe« auf dem Wasser formend, und aus dem Rohr tönt Orgelmusik. Doch so anziehend diese Beschreibung einer verzauberten Natur uns berührt, das eigentliche Spannende sind die subjektiven Äußerungen eines ganz gewöhnlichen Menschen innerhalb jeder Strophe, vor allem die jeweilige fünfte Kurzzeile, während den Vorgängen auf dem See die Langzeilen zur Verfügung stehen. Der Reiz des Gedichts, abgesehen von seiner sprachlichen und malerischen Schönheit, liegt in der Perspektive, die uns ein atemloser Zuschauer wie ein Fernglas vorhält.

Ein geflüstertes Gespräch findet statt, das aber vielleicht gar kein Zwiegespräch ist, sondern das Selbstgespräch eines ortsansässigen Jungen, eine Möglichkeit, den der Singular des letzten Verses verstärkt. Ein Kind wird es sein, denn ein Ausdruck wie: »Sie haschen mich schon« klingt kindlich. Vielleicht hat er sein Leben lang die Sagen vom Mummelsee gehört und weiß nun nicht recht, was er von der dargebotenen Schau halten soll. Muß ein Tanz und Fest sein, meint er zuerst, und begrüßt die Szene mit den entzückten Ausrufen: »O schau« und »Mir klingen die Lieder so munter«. Schnelle Berichtigung bringt das Wort »Totengeleit«, das entweder von ihm selbst oder von einem Begleiter ausgeht, der mehr weiß und versteht als er. Schließlich schlägt seine anfängliche Bewunderung in Furcht um, die ihn am Ende zur Flucht anspornt. Denn das Ereignis, das er belauscht, ist eben kein fröhliches Feiern sondern eine Bestattungszeremonie, die auch ihn hinunterreißen könnte, wie er in den letzten Versen meint. Goethes »Erlkönig« mag dem Dichter vorgeschwebt haben, als er dieses poetische Frage-und-Antwort-Spiel mit der Angst vor natürlichen Erscheinungen, die leicht in der kindlichen Phantasie ins Übernatürliche umschlagen, durchkomponierte.

Drei Interpretationen bieten sich an. Die einfachste ist die, die in in allen Gespenstergeschichten steckt, nämlich den Spuk ernst zu nehmen und für die Dauer des Lesevergnügens daran zu glauben. Oder man kann das Gedicht als Halluzination eines ungebildeten Halbwüchsigen lesen. Dann wären die Trauernden Traumgestalten, die seinen unterschwelligen Liebeswünschen (»die glänzende Frau«) und Todesängsten entsprechen. Und dann gibt es die dritte Möglicheit, die zwischen den beiden anderen vermittelt. Im wissenschaftlichen Zeitalter nahmen die Gespenster einen neuen, und womöglich noch unheimlicheren Aspekt an und wurden, den Weg für Freuds Theorien bahnend, als seelische Kräfte verstanden.

Wovor flieht der Junge? Vor den Geistern oder vor einer anscheinenden Lebensbejahung, die aber von der Todesnähe durchsetzt ist, also vor den Anwandlungen der eigenen Psyche, die ihre Fäden spinnt beim Anblick des Sees, der im Laufe der Zeit so viele Geschichten angezogen hat und der am Abend geheimnisvoll leuchtet? Merkwürdig ist ja, daß der Tod, der sonst das Schicksal der Menschen, nicht der Geister ist, hier eines von denjenigen Wesen befallen hat, die in den Sagen meist unsterblich sind. Ahnt der Fliehende vielleicht, daß man nicht fragen soll, für wen die Stunde schlägt, daß jedes Begräbnis das eigene ist?

Conrad Ferdinand Meyer

Möwenflug

Möwen sah um einen Felsen kreisen
Ich in unermüdlich gleichen Gleisen,
Auf gespannter Schwinge schweben bleibend,
Eine schimmernd weiße Bahn beschreibend,
Und zugleich in grünem Meeresspiegel
Sah' ich um dieselben Felsenspitzen
Eine helle Jagd gestreckter Flügel
Unermüdlich durch die Tiefe blitzen.
Und der Spiegel hatte solche Klarheit,
Daß sich anders nicht die Flügel hoben
Tief im Meer, als hoch in Lüften oben,
Daß sich völlig glichen Trug und Wahrheit.

Allgemach beschlich es mich wie Grauen,
Schein und Wesen so verwandt zu schauen,
Und ich fragte mich, am Strand verharrend,
Ins gespenstische Geflatter starrend:
Und du selber? Bist du echt beflügelt?
Oder nur gemalt und abgespiegelt?
Gaukelst du im Kreis mit Fabeldingen?
Oder hast du Blut in deinen Schwingen?

Dialektik der Ordnung

Das erste, was beim Lesen dieses Gedichts von 1882 auffällt, ist, schlicht gesagt, seine makellose Schönheit. Die Sätze und Verse sind ausgewogen, das Reimschema sehr gekonnt, und dargestellt wird eine ruhige Naturszene. Möwen, die sich im Wasser spiegeln. Bei aller Regelmäßigkeit ermüden diese Verse nicht, was sonst bei Meyers Gedichten öfters vorkommt, eher beruhigen sie, wie die Bewegung einer Schaukel, denn sie sind nicht einförmig. Das Reimschema der ersten Strophe wird für drei Teilbilder dreimal variiert: Auf aabb für die fliegenden Vögel folgt cdcd über die Spiegelung im Wasser und schließlich effe über die Wirkung dieser Spiegelung. Die Abweichungen sind konservativ und gering, sie sind einbezogen in die formelle Ordnung und betonen die zauberhafte Dynamik des abgestimmten Vogelflugs. Erst im letzten Vers der ersten langen Strophe kommt ein Gedanke ins Bild, der den Wert des perfekten Gleichgewichts in Frage stellt, ja aufzuheben droht: Falsches und Echtes sind nicht zu unterscheiden.

In der zweiten, kürzeren Strophe ist der Beobachter der Szene in den Mittelpunkt gerückt. Dem Bild der objektiven Realität folgt nun der subjektive Geisteszustand des Ichs. Und diesem geht es nicht gut. Wo es eben noch »eine helle Jagd gestreckter Flügel« sah, bemerkt es nun ein »gespenstisches Geflatter«. Die dreidimensionale Wahrnehmung der wirklichen Möwen wird durch ihr allzu vollkommenes Spiegelbild verunsichert, obwohl ja für normale Augen das Medium Wasser und die fehlende Tiefendimension eine solche Sinnverwirrung verhindern sollte.

Und so erweckt die Perfektion, die der Sprecher durch fehlerfreie Verse vor uns entstehen ließ, in der zweiten Strophe den tiefsten Zweifel, den ein Mensch erleiden kann, nämlich den an der eigenen Identität, an der handfesten Wirklichkeit seiner Existenz. Nun ist aber die Frage, ob man wirklich lebt oder nur eine Illusion sei, im Grunde eine Wahnsinnsfrage: Der gesunde Menschenverstand zweifelt nicht am eigenen Dasein.

In einer früheren Version von »Möwenflug« lauten die letzten fünf Verse: »Auf das doppelte Geflatter starrend: / Und du selbst? ... Bist du lebendig Leben? / Oder nur ein traumgespiegelt Schweben? / Treibst du dich im Kreis mit nicht'gen Dingen, / Oder hast du Kraft in deinen Schwingen?« Der Vergleich mit der endgültigen Fassung zeigt, daß alle Änderungen die Gefährdung der Psyche unterstreichen. Aus »doppelt« wird »gespenstisch«, aus »Kraft« wird das eindeutigere »Blut«. Das romantisch-rhythmische »traumgespiegelt Schweben« evoziert einen angenehmen Zustand; hingegen suggeriert »gemalt und abgespiegelt« in diesem Zusammenhang eher »erstarrt und erledigt«.

Hugo von Hofmannsthal, der nur wenige von Meyers Gedichten gelten ließ, schrieb über die eigentümliche Beklemmung, die von dieser Lyrik ausgehe: »[...] ein etwas, dem wir nicht völlig entflohen sind, nicht unversehrt entfliehen werden, umgibt uns mit gespenstischer Halblebendigkeit; wir sind eingeklemmt zwischen Tod und Leben, wie in einem üblen Traum, und möchten aufwachen«. Das war nicht unbedingt als Kompliment gemeint, und es mutet merkwürdig an als Beschreibung der wie gemeißelten sprachlichen Ordnung, die Meyer so meisterhaft beherrschte. Es gibt aber eben auch das Ordnungsbedürfnis der Bedrohten, solcher, die es, in den Worten unseres Gedichts, gelegentlich »wie Grauen beschleicht« und die in selbstgeschaffener Form einen Halt im Chaos suchen.

Conrad Ferdinand Meyer war nicht nur ein angesehener Zürcher Bürger und geschätzter Autor, sondern auch Patient in der Irrenanstalt Préfargier, zweimal sogar, sowohl als junger Mann wie als alter Herr. In seinen späten Jahren soll er sich allen Ernstes gefragt haben, ob sein Leben ein Traum gewesen sei. Der Reiz unseres Gedichts liegt darin, daß Inhalt und Form einander gleichzeitig widersprechen und bedingen, wie jenes Gewölbe in Kleists Metapher, das nur deshalb steht, weil alle seine Teile stürzen wollen.

Ricarda Huch

Wiegenlied

Aus dem Dreißigjährigen Krieg

Horch, Kind, horch, wie der Sturmwind weht
Und rüttelt am Erker!
Wenn der Braunschweiger draußen steht,
Der faßt uns noch stärker.
Lerne beten, Kind, und falten fein die Händ',
Damit Gott den tollen Christian von uns wend'!

Schlaf, Kind, schlaf, es ist Schlafens Zeit,
Ist Zeit auch zum Sterben.
Bist du groß, wird dich weit und breit
Die Trommel anwerben.
Lauf ihr nach, mein Kind, hör deiner Mutter Rat;
Fällst du in der Schlacht, so würgt dich kein Soldat.

»Herr Soldat, tu mir nichts zu Leid,
Und laß mir mein Leben!«
»Herzog Christian führt uns zum Streit,
Kann kein Pardon geben.
Lassen muß der Bauer mir sein Gut und Hab,
Zahle nicht mit Geld, nur mit dem kühlen Grab.«

Schlaf, Kind, schlaf, werde stark und groß.
Die Jahre sie rollen;
Folgst bald selber auf stolzem Roß
Herzog Christian dem Tollen.
Wie erschrickt der Pfaff und wirft sich auf die Knie –
»Für den Bauer nicht Pardon, den Pfaffen aber nie!«

Still, Kind, still, wenn Herr Christian kommt,
Der lehrt dich zu schweigen!
Sei fein still, bis dir selber frommt
Ein Roß zu besteigen.
Sei fein still, dann bringt der Vater bald dir Brot,
Wenn nach Rauch der Wind nicht schmeckt, und nicht
der Himmel rot.

Das Opfer soll Täter werden

In Ricarda Huchs Roman »Der große Krieg in Deutschland« ist Herzog Christian von Braunschweig eine schillernde Gestalt, abstoßend und faszinierend in seiner Tollheit, die den klinischen Wahnsinn nur streift, weichlich und verstört, meist grausam und manchmal ritterlich. In unserem Gedicht wird er mehrfach namentlich genannt. Er bringt entweder Sold oder den Tod und verkörpert den Geist eines Krieges, der die Nachwelt, von Schiller über Döblin und Brecht bis zu Golo Mann, zu immer neuen Inszenierungen gereizt hat.

Das »Wiegenlied«, 1917 geschrieben, ist eher ein Anti-Wiegenlied, wie das Märchen in Büchners »Woyzeck« eher ein Anti-Märchen ist, also kein Text, den ein Erwachsener einem Kind zur Belustigung oder gar zur Beruhigung vorsagt oder vorsingt. Die Sprecherin erweckt unsere Sympathie, doch gleichzeitig auch unser kritisches Befremden. Aus der Frau spricht die Unvernunft einer Mutter, die in der Ausweglosigkeit der allgemeinen Zerstörung ihr Schäfchen, das heißt ihr Kind, ins trockene bringen möchte. Wie Brechts »Mutter Courage«, die fast dreißig Jahre später entstand, hofft sie, das Kind vor dem Krieg zu retten, indem sie es in den Krieg schickt.

Ihr Denken ist sprunghaft, vom natürlichen Übel, dem Sturm, zum menschlichen Bösen, dem Wüterich, zu der zweifelhaften Hoffnung auf ein Kindergebet. Dann wieder vom Schlaf zum Tod: Schlafenszeit sei eigentlich Sterbenszeit. Und nun der rettende Gedanke: Wenn der Junge nur die Kindheit überlebt, so soll er dem Herzog dienen, also genau das Handwerk ergreifen, das der Mutter Furcht einflößt. Neben der Angst vor der Raub- und

Mordsucht der Soldateska sieht sie das Militär als den einzig möglichen Beruf für ihren Sohn. Immer noch besser, in der Schlacht umzukommen als wehrlos erdrosselt zu werden. Ein Kriegsende oder auch nur das Ende des Herzogs (der übrigens schon 1626 im Alter von 26 Jahren starb) übersteigt ihr Vorstellungsvermögen.

Vom würgenden Soldaten führt die dritte Strophe assoziierend zu einer dramatischen Szene, in der ein Soldat einem Unbewaffneten die Bitte um sein Leben abschlägt, weil – zwingender Grund! – Christian der Befehlshaber sei. Die Unvernunft pervertiert die Sprache, wenn es heißt, daß der Bauer seinen Besitz aufgeben muß und als »Zahlung« den Tod erhält. Hier also nicht mehr die Wahl zwischen Sold und Tod, sondern Tod als Sold. Wenn das Ironie ist, so geht sie von der Autorin aus, nicht von der Mutter, denn aus der letzteren spricht nur geistige und moralische Verwirrung und Verarmung.

Für diese Mutter gibt es Opfer und Täter und nichts dazwischen. Wer möchte seinem Kind da nicht eher das »stolze Roß« der letzteren wünschen? Nicht daß ihr Sohn barmherziger sein wird als andere Soldaten: »Für den Bauer nicht Pardon, den Pfaffen aber nie!« Das »nicht/aber« ist eine logische Sackgasse: es sollte »weder/noch« heißen. Doch der Text will ja gerade die Unlogik eines Menschen demonstrieren, der den Krieg erlebt und erleidet.

Das Kind muß nach diesen furchtbaren Szenen geweint haben, die Mutter beschwichtigt es, und so taucht in der letzten Strophe als Gegenbild zum tollen Christian der Vater, der Brotbringer, auf. Nur ist er entweder nicht zu Hause oder verkriecht sich im Hause und wird nicht mehr kommen oder nicht ausgehen, bis die Gefahr vorbei ist. Dieser abwesende Vater verstärkt nur den Eindruck der Hilflosigkeit von Frauen und Kindern in den brennenden Dörfern.

Das »Wiegenlied« ist ein Beispiel dafür, wie Lyrik den fließenden Übergang von Gefühl und Denken intensiver und direkter als die Prosa zu gestalten weiß. Reime haben es in sich, daß sie gerade »Ungereimtes« – hier ein von Angst geschütteltes Denken – veranschaulichen können. Das Kriegselend wird in diesem Lied intim. Es erschien während des Ersten Weltkriegs. Sein »historischer« Inhalt sollte im Laufe des Jahrhunderts immer aktueller werden.

Else Lasker-Schüler

Jakob

Jakob war der Büffel seiner Herde.
Wenn er stampfte mit den Hufen,
Sprühte unter ihm die Erde.

Brüllend ließ er die gescheckten Brüder.
Rannte in den Urwald an die Flüsse,
Stillte dort das Blut der Affenbisse.

Durch die müden Schmerzen in den Knöcheln
Sank er vor dem Himmel fiebernd nieder,
Und sein Ochsgesicht erschuf das Lächeln.

Der Erfinder des Lächelns

Die »Hebräischen Balladen« Else Laske-Schülers, 1913 erschienen, sind hebräisch nur insofern, als sie sich auf ein auch außerhalb des hebräischen Sprachbereichs nicht unbekanntes Buch, nämlich die Bibel, beziehen. Balladen sind sie nur insofern, als sie auf Legenden anspielen, die die Dichterin aber nicht nacherzählt, wie es etwa Thomas Mann mit demselben Material in seinen Joseph-Romanen tut. Sie nimmt die biblischen Gestalten vielmehr aus ihren Zusammenhängen wie Puppen aus Schaufenstern heraus, kleidet sie neu ein, stülpt ihnen Masken auf, verfremdet sie probeweise.

Eine Tiermaske für den Erzvater Jakob, der Hirtenpatriarch als Alpha-Tier der Herde. Er, der Ehrwürdige, wird zum Büffel degradiert. Der Mann als Urtier im Patriarchen? So ließe sich die erste Strophe noch als eine Art Verbeugung vor urtümlicher Männlichkeit lesen. Doch gleich danach wird es brenzliger. Die »gescheckten Brüder« erinnern an die nicht ganz lautere Zeugungsmanipulation, durch die sich der junge Jakob einen Großteil von Labans gescheckten Viehbestand aneignete. Zu diesem Viehbestand gehört er nun selbst im Gedicht.

Der biblische Jakob ist der große Liebende unter den Erzvätern, der die zu Recht berühmte, zweimal siebenjährige Geduldsprobe einer Brautwerbung bestand. Doch die Affenbisse, die er im Gedicht im Flußwasser kühlt, sind kein Sinnbild einer edlen Leidenschaft, eher einer verächtlichen, zumindest lächerlichen Sinnlichkeit: Der geile Affe ist seit je ein Gemeinplatz in Kunst und Literatur.

Von den stampfenden Hufen der ersten Strophe, die immerhin die Erde zum Sprühen brachten, kommen wir in der dritten zu den prosaischeren und zudem müde schmerzenden Knöcheln unseres Helden. Jakobs Schmerzen? Aber die rührten doch vom Kampf mit dem Engel und der dadurch verletzten Hüfte, höchste Auszeichnung des himmlisch Auserwählten? Vor dem Himmel sinkt auch unser knöchelmüdes Jakobstier nieder, und zwar mit einem humorvollen und originellen Reim, »Knöcheln« auf »Lächeln«. Rückblickend fallen uns die anderen beiden unreinen Reimpaare auf, nämlich »Brüder/nieder« und »Flüsse/Bisse«. In diesem Gedicht geht nichts rein auf, auch nicht die Reime, die schon gar nicht.

Schließlich vertauscht die Dichterin in der letzten Zeile Ochsen und Büffel, wohl weil *ein* Rindviehgesicht wie das andere aussieht. Dieser endgültigen Verunglimpfung folgt jedoch unvermutet die Rückverwandlung ins Menschliche. Indem sich auf Jakobs Tiergesicht ein Lächeln, vielleicht das erste überhaupt (es heißt ja, er »erschuf« es), abzeichnet, steht er wieder an einem Anfang, ist wieder unsereiner. Denn kein Tier kann lächeln. Zwischen dem ersten Wort, seinem Namen, und dieser überrumpelnden, schwer vorstellbaren Mundverzerrung am Ende war die Würde des Patriarchen, die Manneswürde und wohl auch die Menschenwürde schlechthin, durch eine Tiermaskerade in Frage gestellt worden. Die Anspielungen verunsicherten den Autoritätsanspruch des Bibeltextes. In der letzten Zeile findet beschwichtigend eine Menschwerdung statt.

»Jakob« führt exemplarisch die methodischen Eigenarten seiner Dichterin vor. Durch das Vexierspiel mit Maskierung und Verkleidung fallen Streiflichter auf

Geschlecht und Charakter. Das überraschende Auswechseln bekannter Begriffe führt durch Staunen zum Erkennen. In Spiel und Anspielung, in unverbindlichem Experimentieren mit Sprache und Kulisse, sehen wir heute wieder das eigentlich Literarische, das überdies eine soziale Funktion ausübt, dort wo es die festgefahrenen Räder der Tradition ins Rollen bringt. Die Lyrikerin Lasker-Schüler ist gerade dort ernst zu nehmen, wo sie sich als Meisterin im Nichternstnehmen kostümiert.

Else Lasker-Schüler

Mein blaues Klavier

Ich habe zu Hause ein blaues Klavier
Und kenne doch keine Note.

Es steht im Dunkel der Kellertür,
Seitdem die Welt verrohte.

Es spielten Sternenhände vier
– Die Mondfrau sang im Boote –
Nun tanzen die Ratten im Geklirr.

Zerbrochen ist die Klaviatür .....
Ich beweine die blaue Tote.

Ach liebe Engel öffnet mir
– Ich aß vom bitteren Brote –
Mir lebend schon die Himmelstür –
Auch wider dem Verbote.

Von den drei Türen, die alle nachdrücklich als Reimworte am Ende ihres jeweiligen Verses stehen, führt die eine nach unten in den Keller, die zweite nach oben in den Himmel, und die dritte, die »Klaviatür« in der Mitte zwischen den beiden anderen, führt direkt in das geplagte Hier und Jetzt der Sprecherin, die nicht weiß, wohin mit ihrem Leben. Der verspielte Neologismus weist auf Traum und Kindheit als Quelle dieser Bilder.

»Mein blaues Klavier« entstand noch vor 1936 in der Schweiz, dem ersten Exil der Dichterin, und wurde 1937 in der »Pariser Tageszeitung«, einer Zeitung der deutschen Exilanten, veröffentlicht. Es ist also ein Exilgedicht, kein Kriegs- und schon gar nicht ein Holocaustgedicht. In Buchform erschien es 1943 in Jerusalem, der Stadt, wo Lasker-Schüler zwei Jahre später, vor Kriegsende starb. Zu Hause war sie auch dort nicht gewesen – sie war im Exil, nicht in der Emigration. Zu Hause – das war ein Ort, wo ein blaues Klavier stand.

Warum blau? In den Bereich des Blauen gehören der Himmel, der Frühling, die blaue Blume der Romantik und Lasker-Schülers alter Freund Franz Marc vom Blauen Reiter. Klaviere hingegen gehören mit Sicherheit nicht dahin, denn die sind meist schwarz – zumindest die für Erwachsene. Doch in Else Lasker-Schülers Zürcher Tagebuch steht: »Ich besitze alle meine Spielsachen von früher noch, auch mein blaues Puppenklavier.« Im Gedicht ist aus einer Kindheitserinnerung ein symbolisches Instrument für die Sternenhände von oben und Rattenfüße von unten geworden. Die Dichterin in der Mitte kennt keine Noten. Es ist also nicht die eigene Kunst, um die es geht, denn diese Kunst beherrscht sie ja. Das Gedicht betrauert einen Verlust, der über das Persönliche hinausreicht, doch findet diese Trauerarbeit in so subjektiver Weise statt, daß es wie die Klage eines mißhandelten Kindes klingt. Wir lächeln über die »Klaviatür«; und die Mondfrau im Boote entspringt dem Märchen oder ist eine Maske der Autorin, die gerne die Mondsichel in ihre Schriften zeichnete. In der ersten Version war die Mondfrau übrigens ein Mondkind. Kindlich ist es auch, einen zerbrochenen Gegenstand zu vermenschlichen und als »blaue Tote« zu beweinen.

Über diesem kindlichen Jammer hängt die große Katastrophe der »verrohten Welt«. Aus dieser möchte der verzweifelnde und geschrumpfte Mensch entfliehen, und wohin denn sonst als in den Himmel? »Mein blaues Klavier« ist jedoch kein Selbstmordgedicht: Die Sprecherin fleht die Engel unvernünftigerweise an, ihr schon lebend die Himmelspforte zu öffnen. Sie weist sich aus mit dem »bitteren Brote«, von dem sie gegessen haben will: Vielleicht ist es vom selben Brotlaib geschnitten wie das »Brot mit Tränen«, durch das Goethes Harfner im »Wilhelm Meister« »die himmlischen Mächte« kennenlernte.

Das Wort »Verbot«, mit dem das Gedicht ausklingt, macht stutzen. Die Flüchtlinge kannten die verschlossenen Türen der Landesgrenzen nur zu gut. Hier soll nun ein allerhöchstes und unumstößliches Einreiseverbot aufgehoben werden. Handelt es sich um eine letzte Steigerung solcher irdischen Verbote? Auch fürs Himmelreich gelten strikte Immigrationsgesetze, und die Bittstellerin bettelt umsonst.

Man zögert, ein Gedicht »groß« zu nennen, das sich auf Schritt und Tritt zurücknimmt und mit kleiner, kläglicher Stimme spricht. Und doch ist »Mein blaues Klavier« neben Brechts »An die Nachgeborenen«, das auch aus den dreißiger Jahren stammt, wohl das beredtste lyrische Zeugnis des Exils der Nazizeit. Wo Brecht so stark und männlich auf das Recht zu hassen und die Pflicht zu kämpfen pocht, beklagt Lasker-Schüler eine untergegangene Kultur in der idiosynkratischen Sprache der Einsamen, mit der ihr eigentümlichen Verknüpfung von Exaltation und Humor, von Phantasie und distanzierender Selbstdarstellung. Wo Brecht, am Rednerpult der Öffentlichkeit, das vielfache Elend auf den einen Nenner des Widerstands bringt, veranschaulicht es Lasker-Schüler, indem sie es uns im Maskentheater des privaten Leidens vorspielt.

Christian Morgenstern

Die Behörde

Korf erhält vom Polizeibüro
ein geharnischt Formular,
wer er sei und wie und wo.

Welchen Orts er bis anheute war,
welchen Stands und überhaupt,
wo geboren, Tag und Jahr.

Ob ihm überhaupt erlaubt,
hier zu leben und zu welchem Zweck,
wieviel Geld er hat und was er glaubt.

Umgekehrten Falls man ihn vom Fleck
in Arrest verführen würde, und
drunter steht: Borowsky, Heck.

Korf erwidert darauf kurz und rund:
»Einer hohen Direktion
stellt sich, laut persönlichem Befund,

untig angefertigte Person
als nichtexistent im Eigen-Sinn
bürgerlicher Konvention

vor und aus und zeichnet, wennschonhin
mitbedauernd nebigen Betreff,
K o r f . (An die Bezirksbehörde in –).«

Staunend liest's der anbetroffne Chef.

Kein Mensch ist illegal – oder doch?

Unser Gedicht ist wortschöpferisch verspielt und satirisch gezielt, vielleicht auch philosophisch nachdenklich. Die Zielscheibe der Satire ist heute genauso aktuell wie vor dem Ersten Weltkrieg, als das Gedicht entstand. Nach wie vor stellen die Einwanderungsbehörden der reichen Länder dieselben Fragen in dem wichtigtuerischen Wortgewäsch der Bürokratie, welche die Sprache mit noch weniger Respekt behandelt als die Leute.

»Die Behörde« ist in ausgewogenen, altmodischen Terzinen verfaßt, das heißt dreizeiligen Strophen, die durch einen mittleren Kettenreim ineinander verschlungen sind, und einer allein stehenden Endzeile, die den letzten Reim aufnimmt. Diesem angenehm dahinfließendem Versmaß widerstrebt die Amtssprache mit ihren willkürlich wuchernden Silben und Stilblüten wie »anheute«. Korf, weder mund- noch schreibfaul, bedient sich derselben Ausdrucksweise und schlägt mit »wennschonhin« zurück. Der Dichter setzt im letzten Vers noch eins drauf mit der »anbetroffne« Chef.

Die Fragen, die die Behörde an Korf stellt, betreffen sowohl den inneren Menschen (»was er glaubt«) wie den äußeren (»wieviel Geld er hat«), sind zusammenhanglos und auf keinen gültigen Nenner zu bringen und entlarven sich in unserem Gedicht mit den Worten »umgekehrten Falls« als grammatischer Unsinn, denn was wäre der umgekehrte Fall von »wieviel, was und wo«? Logik hin, Grammatik her – es geht um die nackte Daseinsberechtigung. Der »umgekehrte Fall« ist die Illegalität des Lebens schlechthin. Nicht umsonst wird das Formular, das Korf erhält, als »geharnischt« bezeichnet: Es enthält ja die Drohung eines Arrests aus unersichtlichen Gründen.

Die Fragen sind also einerseits autoritär, andererseits schwingt auch eine, wenngleich ironische, Entstellung der ältesten philosophischen Anliegen mit: Was ist der Mensch, was ist der Zweck des Lebens, und warum sind wir hierher gesetzt worden? Es ist ein wenig wie in Kafkas Romanen, wo eine ungerechte Behörde Empörendes oder Widersprüchliches verlangt und man trotzdem das Gefühl nicht los wird, daß so viel Macht einen ernstzunehmenden Ursprung haben muß. Nur ist Korf, anders als Kafkas Helden es sind, ein K, der sich zu helfen weiß. Für ihn, den Protagonisten schwarz-humoristischer Gedichte, gibt es in der Logik der »Galgenlieder« einen unerwarteten Ausweg: Er streitet seine Existenz, wie die Behörde sie definiert, »kurz und rund« ab und setzt damit das in seinen Regeln befangene Polizeibüro schachmatt.

Wer ist dieser Korf? In den »Galgenliedern« tritt er zuerst auf als das Produkt der Notwendigkeit, einen Reim auf »Dorf« zu finden, so daß Korf im wahrsten Sinne ein Kind der Poesie ist. Er entwickelt sich aber schnell zur Persönlichkeit. Er ist ein liebenswürdiger Phantast und Idealist. Er will einen Klub zum Schutz des Sonnenscheins gegen menschlichen Luftverkehr gründen, erfindet eine Uhr, die die Zeit aufhebt, eine Schreibmaschine, die mit Feuer auf Wolkenfetzen schreibt, und eine Lampe, die den Tag in Nacht verkehrt. Er komponiert Geruchssonaten. Er ist Romantiker. Sein Freund Palmström hingegen ist Rationalist, der die Gesetzesbücher prüft, nachdem er überfahren wurde und, »eingehüllt in feuchte Tücher«, die seither berühmt gewordene

Doktrin aufstellt, daß er noch am Leben sei, weil »nicht sein kann, was nicht sein darf«. Korf stellt sich in einem anderen Gedicht als »Geist« »vor und aus«, als einen, den man nicht fangen und verwunden kann und der durch Wände geht, um Palmström im Gefängnis zu besuchen. Daraus könnte man schließen, daß er auch in unserem Gedicht keinen Körper hat. Doch ist es nicht seine physische, nur seine bürgerliche Existenz, die er hier ablehnt. Wie immer es mit seiner Körperlichkeit bestellt sein mag, ein geistiges Wesen ist er sicherlich und in diesem Sinne Ausländer *par excellence* für die Schablonen der Borowsky und Heck.

Morgenstern läßt sich mit Fug und Recht zu den besten expressionistischen Lyrikern zählen, nur nehmen wir noch immer die wenigen großen deutschen Humoristen nicht ernst genug. Er selbst tat es auch nicht. Als Anthroposoph und andächtiger Schüler Rudolf Steiners verfaßte er glanzlose religiöse Gedichte, die er für sein Hauptwerk hielt und betrachtete die »Galgenlieder« als Nebenwerk. – So kann man sich irren.

Hugo von Hofmannsthal

Der Schiffskoch, ein Gefangener, singt:

Weh, geschieden von den Meinigen,
Lieg ich hier seit vielen Wochen;
Ach und denen, die mich peinigen,
Muß ich Mahl- um Mahlzeit kochen.

Schöne purpurflossige Fische,
Die sie mir lebendig brachten,
Schauen aus gebrochenen Augen,
Sanfte Tiere muß ich schlachten.

Stille Tiere muß ich schlachten,
Schöne Früchte muß ich schälen
Und für sie, die mich verachten,
Feurige Gewürze wählen.

Und wie ich gebeugt beim Licht in
Süß- und scharfen Düften wühle,
Steigen auf ins Herz der Freiheit
Ungeheuere Gefühle!

Weh, geschieden von den Meinigen,
Lieg ich hier seit wieviel Wochen!
Ach und denen, die mich peinigen,
Muß ich Mahl- um Mahlzeit kochen!

Eine merkwürdige, nicht ganz greifbare Schauerlichkeit durchzieht dieses Rollengedicht. Ein gequälter Mensch beschreibt darin sein versklavtes Dasein in traditionellen Versen, die wie gemalte Kulissen wirken. An der Oberfläche beschränkt sich das Ganze aufs Kulinarische, aber es atmet daraus eine unlautere Komponente, als ob der Reiz der Gewalt, also eine Prise Sadismus, aus Dezenzgründen in die Küchensphäre verlagert worden sei.

Der Koch ist anscheinend mehr als dienendes Faktotum. Er wird verachtet und ist gewissen, nicht benannten Erniedrigungen ausgesetzt. Die Leser erfahren nicht, wer die »Peiniger« des Gefangenen, noch wer die »Seinigen« sind, nach denen er sich sehnt, oder wie er in seine jetzige Lage gekommen ist. Doch entstammt das Gedicht keinem größeren Zusammenhang, etwa einem uns bekannten Dramenentwurf. Worauf es ankommt, ist der Augenblick, allerdings einer, dem kein Ende beschieden zu sein scheint. Die Eßlust steht der Wollust nahe, nicht der des Sprechers, aber der seiner vom Gedicht abwesenden Herren, für die er in endloser Folge »Mahl- um Mahlzeit« herstellt.

Die metrische Regelmäßigkeit befriedigt unsere musikalischen Anforderungen an traditionelle Lyrik. Die Bilder – Früchte, Fische, Gewürze – rufen ein klassisches Stilleben auf. Die Adjektive für die heraufbeschworenen Objekte sind konventionell positiv: *still, sanft, feurig* und das wiederholte *schön*. Ein Opfer spricht uns mit zweimaligem »Weh« und »Ach« an, doch diese Leidensrufe sind ebenfalls so konventionell (und vielleicht sogar ein Echo von Goethes »Heideröslein«), daß sie uns einigermaßen ungerührt lassen. Der mißbrauchte Mensch ist nur ein farbiger Bestandteil des Bildes. Doch der Tod hängt über diesem Bild in den gebrochenen Augen der Kreatur, die der Sprecher der Verse in unfreiwilliger Fron schlachten muß. Das Wort »schlachten« dient zweimal als Reimwort, damit wir über den purpurnen Fischflossen nicht vergessen, daß hier mit dem blutigen Messer hantiert wurde.

Jede Aussage über eine Gefangenschaft handelt gleichzeitig von ihrem Gegenteil. Dem Hinweis auf den Tod folgt der auf die »ungeheueren« Gefühle der Freiheit, die ins Herz steigen, während der Koch in Düften »wühlt«: ein Adjektiv und ein Verb, die nun doch unerwartet sind und uns vor die Frage stellen, was hier eigentlich vorgeht. Doch das ist ein Geheimnis, das der Dichter nicht, oder nur verschlüsselt, preisgibt. Es enthält wohl eine versteckte Verbeugung vor seinem alten Freund und dem Dichter des »totgesagten Parks«: Man hat einen Anklang an die Verse in Stefan Georges Algabal-Zyklus gefunden: »Graue rosse muss ich schirren / Und durch grause fluren jagen / Bis wir uns im moor verirren / Oder blitze mich erschlagen.«

Das Schiff als Bild für die unfair verteilten Schicksale der Menschen hatte Hofmannsthal in einem seiner gelungensten Gedichte schon verwendet:

Manche freilich müssen drunten sterben,
Wo die schweren Ruder der Schiffe streifen,
Andre wohnen bei dem Steuer droben,
Kennen Vogelflug und die Länder der Sterne.

Im Schiffskoch läßt er einen vom unteren Deck, einen der zur Arbeit Verdammten sprechen, der freilich erst seit kurzem unter die Dienenden geraten ist. Früher war er selbst unter den Genießern. »Muß mit den befleckten Händen / Einst genoßne Früchte schälen« heißt es in einer früheren Fassung der Verse 9/10. Auch in »Manche freilich« sind die »Leichten« an die »Schweren« gebunden: Der Schiffskoch ist dementsprechend wie besessen von seinen Quälern.

Das Gedicht entstand 1901 und erschien 1904 als Hofmannsthals letzter Beitrag zu Stefan Georges »Blätter für die Kunst«. Hofmannsthal hat hier eine Stimmung der Jahrhundertwende, die sich ihre minder salonfähigen Genüsse noch ganz gern verbrämte und parfümierte, eingefangen. Die Leistung besteht in der Gratwanderung zwischen Ästhetik und Erotik, der geschlossenen Form einerseits, dem ins Offene zielenden Inhalt andererseits, mit seinen Andeutungen der Sünde als Schönheit, des Bösen als Lust und der Synästhesie aller Sinnlichkeit.

Nelly Sachs

Weiß im Krankenhauspark

I.

Im Schnee
die Frau geht
hält auf dem Rücken
umkrampft mit falschem Griff
ganz heimlich
abgebrochene Zweige mit Knospen
noch von Nacht verdeckt

Sie aber im Wahnsinn ganz still
im Schnee
um sich blickend und weit offen
die Augen wo
von allen Seiten das Nichts einfährt –

Aber sehr heimlich das Ferne
ist in ihrer Hand
in Bewegung geraten –

II.

Die Stille mit soviel Wunden getränkt
Religion der schon ausgefahrenen Beter
lebt noch vom Martyrium
immer neu wie Frühling –

Gestohlene Knospen

Die Gedichte von Nelly Sachs kreisen um zwei Hauptthemen. Die einen, für die sie den Nobelpreis erhielt, sind Klagen um die Opfer des Holocaust. Die anderen, verhalteneren, sind Gedichte um Krankheit und Todeserwartung. Unser Gedicht gehört der letzteren, späten Phase an, mit einem leisen Hinweis auf den ersten Motivkreis.

Es ist Vorfrühling, eine geisteskranke Patientin hat im Krankenhauspark knospende Zweige abgebrochen und geht jetzt damit spazieren. Da sie sie zu verstecken sucht, hält sie sie »falsch«, das heißt verkrampft, auf dem Rükken, nicht wie eine Blumenfreundin sie tragen würde. Zu ihren Füßen liegt Schnee. In einer für Nelly Sachs typischen Formulierung für kosmisches Erschrecken oder tiefste existentielle Einsamkeit, fährt von allen Seiten das Nichts auf sie ein. Die Kranke klammert sich an ihre Knospen, an etwas Lebendiges und Junges, »ganz heimlich«, also im Bewußtsein, daß sie sie eigentlich nicht haben dürfte. Sie sind Selbstbestätigung gegen die winterliche Starrheit ihrer Umgebung.

Soweit die Psychologie. Doch darf für fromme Menschen wie Sachs das, was außerhalb der Wahrnehmung unserer fünf Sinne liegt, nicht nur in Verzweiflung münden, sondern schließt auch Verheißung mit ein. Die dritte Strophe bringt »das Ferne« als Gegengewicht zum Nichts ins Spiel. In das Diesseits des Gartens ist ein hoffnungsträchtiges Jenseits eingebrochen. »Das Ferne« offenbart sich in den frischen Zweigen, die im Griff der Kranken – hier eine Rückblende auf das Wort »heimlich« – in Bewegung geraten sind. Übrigens sind die einzigen Satzzeichen im ganzen Gedicht die Gedankenstriche am Ende der Strophen: sie wirken wie Wegweiser ins Offene.

Im zweiten, viel kürzeren Teil ist die Frau ausgeklammert. Die Verbindung mit dem ersten Teil liegt in dem Wort »Frühling« und in der Voraussetzung anderer Daseinsmöglichkeiten als der des Lebens. Wir sind aus dem Krankenhauspark in eine Todesstille versetzt worden, wo die Religion der »schon ausgefahrenen Beter« herrscht, also der Verstorbenen. »Fahrt« als Übergang vom Hier zum Ewigen – wie in dem Buchtitel »Fahrt ins Staublose« – war ein Lieblingsbegriff von Nelly Sachs. In unserem Gedicht kommt sowohl Einfahrt wie Ausfahrt vor: Wo das Nichts einfuhr, fahren die Beter aus. Hier klingt romantische Todessehnsucht nach, nur erinnern »Wunden« und »Martyrium«, an sich christlicher Herkunft, in den Versen der jüdisch-deutschen Dichterin an »ihre« Toten, die Ermordeten der Nazis, denen sie ihre berühmteren Gedichte gewidmet hat.

»Weiß im Krankenhauspark« veranschaulicht zunächst eine ganz private Krise und enthält erst am Ende Anspielungen auf geschichtliche Katastrophen, über die man hinweglesen kann, ohne daß das Ganze dadurch unverständlich würde. Das Bestechende an dem Gedicht sind solche Ambivalenzen. Für Gottergebenheit ist der erste Teil zu psychopathologisch konzipiert. Auch wird kein friedliches Hinscheiden in Aussicht gestellt, dazu sind Ausdrücke wie »mit falschem Griff«, »im Wahnsinn ganz still«, »mit soviel Wunden getränkt« zu beunruhigend. Ebenso entbehren die verknautschten, gestohlenen Knospen einer strahlenden Symbolkraft. Es ist kein erhabenes, eher ein konfuses Erlebnis, das sich im Kopf der

Verrückten abspielt, die jedoch, wie andere Menschen, zwischen dem Winter und dem Frühling, dem Nichts und der Auferstehung schwankt, und für die die Hoffnung besteht, sie werde nicht allein bleiben, wie sie es jetzt im weißkalten Park ist, sondern in die Gemeinschaft der schon Ausgefahrenen treten.

Das Gedicht verarbeitet mystisches Gedankengut mit einer Feinfühligkeit, die unserer im Laufe von Kriegen und anderen Mordaktionen stark herabgestuften Selbsteinschätzung Rechnung trägt. Jenseits des Wahnsinns beharrt es trotzdem auf seinem Glaubensbekenntnis: denn es beginnt mit »Im Schnee« und endet mit »Frühling«.

GERTRUD KOLMAR

Die Kröte

Ein blaues Dämmer sinkt mit triefender Feuchte;
Es schleppt einen breiten rosiggoldenen Saum.
Schwarz steilt eine Pappel auf in das weiche Geleuchte,
Und milde Birken verzittern zu fahlerem Schaum.
Wie Totenhaupt kollert so dumpf ein Apfel zur Furche,
Und knisternd verflackert mählich das herbstbraune Blatt.
Mit Lichtchen gespenstert ferne die düsternde Stadt.
Weißer Wiesennebel braut Lurche.

Ich bin die Kröte.
Und ich liebe die Gestirne der Nacht.
Abends hohe Röte
Schwelt in purpurne Teiche, kaum entfacht.
Unter der Regentonne
Morschen Brettern hock' ich duckig und dick;
Auf das Verenden der Sonne
Lauert mein schmerzlicher Mondenblick.

Ich bin die Kröte.
Und ich liebe das Gewisper der Nacht.
Eine feine Flöte
Ist im schwebenden Schilf, in den Seggen erwacht,
Eine zarte Geige
Flirrt und fiedelt am Felderrain.
Ich horch' und schweige,
Zerr' mich an fingrigem Bein

Unter fauler Planke
Aus Morastigem Glied um Glied,
Wie versunkner Gedanke
Aus dem Wust, aus dem Schlamm sich zieht.
Durch Gekräut, um Kiesel
Hüpf' ich als dunkler, bescheidener Sinn;
Tauiges Laubgeriesel,
Schwarzgrüner Efeu spült mich dahin.

Ich atme, schwimme
In einer tiefen, beruhigten Pracht,
Demütige Stimme
Unter dem Vogelgefieder der Nacht.
Komm denn und töte!
Mag ich nur ekles Geziefer dir sein:
Ich bin die Kröte
Und trage den Edelstein ...

Außenseitertier

Die Verbindung von Kröte und Edelstein, von widerlichem Tier und leuchtender Kostbarkeit, ist altes Volksgut. Der Dichterin Gertrud Kolmar ist diese Tradition vielleicht über Hans Christian Andersens Märchen »Die Kröte« vermittelt worden. Dort erfährt eine sehr sympathische, idealistisch veranlagte kleine Kröte zwar, daß es Kröten mit Edelsteinen gibt, doch nicht, daß sie selber einen solchen trägt. Andersens Kröte verläßt den Brunnen und wird in einer fremden, ihr feindlichen Tageswelt getötet. Der Edelstein in dieser Erzählung steht ohne Umschweife für die Sehnsucht nach Höherem. Kolmars nicht minder gefährdetes Tier hingegen hat Selbstbewußtsein und kennt seinen eigenen Wert. Trotz ihrer »demütigen Stimme« weiß diese Kröte, daß sie nur für andere, nicht in Wirklichkeit, ein »ekles Geziefer« ist.

Die erste Strophe unseres Gedichts scheint zunächst überfrachtet, Naturlyrik wie schon oft gehabt. Doch die Landschaftsmalerei entpuppt sich nach ein paar Zeilen als ein gespenstischer Geisteszustand (kollernder Apfel gleich Totenhaupt). Folgerichtig tritt ein Ich in der zweiten Strophe auf und legitimiert (das doppelte »ich hebe«) diese unheimliche Abendszene. Freilich wirkt das tierische Ich selbst befremdend auf den Leser.

Kolmar veranschaulicht die Häßlichkeit der Kröte in einer Sprache, die musikalisch, daher konventionell »schön« bleibt. Doch die Bilder entschleiern das Abstoßende. Die Kröte ist »duckig und dick«, hat schlechte Augen, die nicht viel ertragen (»Auf das Verenden der Sonne / Lauert mein schmerzlicher Mondenblick«), sie lebt in einem Milieu von faulen Planken, Schlamm, Morast, Wust und traut sich erst am Abend aus ihrem Versteck unter der Regentonne hervor. Im Kontrast zu ihrer Mißgestalt verkörpert sie geistige Werte: dunklen Sinn und versunkenen Gedanken, eine Liebe für das »Vogelgefieder der Nacht«, ein zartes Gehör für Nachtmusik. Das unscheinbare Wesen, einerseits realistisch gezeichnet, andererseits Märchen- und Fabeltier, hat die Funktion eines todesbereiten Antihelden und ist in dieser Hinsicht eine tragisch moderne Figur.

»Die Kröte« entstand im Oktober 1933 und gehört zu dem Zyklus »Das Wort der Stummen«, einem Konvolut von zweiundzwanzig Gedichten, die Gertrud Kolmar innerhalb von drei Monaten schrieb und ihrer Schwägerin, der Nichtjüdin Hilde Benjamin, zur Aufbewahrung gab. So überstanden sie die Nazizeit, in der ihre Verfasserin unterging. Wer Zweifel hat, daß man im Jahre 1933 über die Ausschreitungen des Regimes informiert war, braucht nur im »Wort der Stummen« zu blättern und darin die Gedichte über Lager, Juden und Gefangene zu lesen. Sie sind Gertrud Kolmars politischstes Werk. Man kann, wenn man will, aus unserem Gedicht die ausgegrenzte, künstlerisch sensible Jüdin herauslesen; doch die Kröte einfach mit ihrer Urheberin oder auch nur mit einer von Hitler Verfolgten gleichzusetzen wäre zu kurz gegriffen. Einsame, Verachtete spielen eine entscheidende Rolle in Kolmars Werk, sind vielleicht ihr eigentlichstes Thema. Auch eine Gestalt wie Robespierre, den sie als eine Art Heiligen behandelte und dem sie zwei Gedichte im »Wort der Stummen« widmete, vergleicht sie in einem Theaterstück mit einer Kröte. Kröte, das ist der verkannte Außenseiter schlechthin.

Nach dem ausführlichen Wortgemälde der ersten

Strophe und dem komplizierten Zeilensprung von der dritten zur vierten Strophe wird das Gedicht syntaktisch und metaphorisch einfacher und kommt am Ende mit einem Mindestaufwand an Wörtern aus. In den schlichten letzten vier Versen erinnert uns die Sprecherin zum dritten Mal an ihren Tiernamen und damit an ihre armselige Kreatürlichkeit; sie fordert den Mörder heraus und überrascht mit einem ersten und einzigen Hinweis auf ihren Besitz des mythisch Unzerstörbaren, den Edelstein. Es sind Verse, die im Gedächtnis nachklingen.

Theodor Kramer

Winterhafen

Moses Vogelhut, den semmelblassen,
des Hausierens in den Häfen matt,
führte einst sein Rundgang aus den Gassen
bis zum Winterhafen vor die Stadt.
Mit der Flut im Schein der Uferlampe
zog ein angepflockter Kahn am Seil;
Schiffer hockten auf der kalten Rampe,
Vogelhut bot Kram und Messer feil.
  Moses Vogelhut,
  tu vom Haupt den Hut,
  spät am Strand zu schlendern tut nicht gut!
  Denn der Stromwind beizt Gesicht und Lunge
  und die Faust ist rascher als die Zunge,
  Moses Vogelhut, du alter Jud!

Moses Vogelhut, vorm Bauch den Kasten,
pflegte oft nun vor die Stadt zu gehn
und dem Löschen der verstauten Lasten
und dem Gang der Krane zuzusehn.
Auf die Schlepper trug er weite Hosen,
seine Börse dröhnte schlecht verwahrt;
auf der Rampe luden ihn Matrosen
ein zum Grog und zausten ihm den Bart.
  Moses Vogelhut,
  wisch den Priem vom Hut,
  spät am Strand zu tänzeln tut ja gut!
  Denn der Stromwind beizt Gesicht und Lunge
  und die Faust ist rascher als die Zunge,
  Moses Vogelhut, du alter Jud!

Moses Vogelhut schritt durch die Kühle
mancher Nacht, allein mit Tau und Strand,
bis das Schaufelrad der Ufermühle
morgens stockend ihn beim Kaftan fand.
Dünner Regen sprühte in den Rahen
ausgeblutet lag er und verstummt:
die ihn nachts noch bei den Speichern sahen,
sagten aus, er hätte dort gesummt:
   Moses Vogelhut,
   halt vom Haupt den Hut,
   spät am Strand zu schlendern tut dir gut!
   Denn der Stromwind beizt Gesicht und Lunge
   und die Faust ist rascher als die Zunge.
   Moses Vogelhut, du alter Jud!

Tatort am Ufer

Theodor Kramer, jüdischer Dichter, zur falschen Zeit und am falschen Ort, nämlich in Österreich, geboren, unglücklich im Londoner Exil, 1957 nach Wien zurückgekehrt, wo er ein halbes Jahr später starb, wird von der Literaturwissenschaft weitgehend ignoriert: ein traditioneller Versemacher, der zuviel geschrieben hat. Bewundert wird er hingegen von manchen Autoren und Autorinnen, die sich mit Verfolgung und Ausgrenzung beschäftigen, wie Milo Dor, Erich Hackl und Herta Müller. Kramer hatte, in den Worten der letzteren, »ein Mitgefühl für alles, was außerhalb der eigenen Person steht«. Seine Gedichte, schreibt sie, »haben meine Ängste, ohne zu täuschen, bestätigt und dadurch erträglich gemacht«.

Das sind gute Voraussetzungen für Balladen, eine Gattung, deren großes Zeitalter längst vorüber ist und die trotzdem immer noch erstaunliche Beispiele eines Erzählens zeitigt, hinter dem die Prosa zurücksteht, weil sie nie so suggestiv sein kann wie die Lyrik. Viele der schönsten deutschen Balladen, von Bürgers »Lenore« und Goethes »Erlkönig« über Droste-Hülshoffs »Der Knabe im Moor« bis zu Brechts »Vom ertrunkenen Mädchen«, sind, wie unser Gedicht, erfüllt von der Unheimlichkeit der Natur, auch der menschlichen, und einer überall spürbaren Todesnähe.

Ein alter Hausierer verläßt seine gewohnten Handelsplätze und findet sich unter unbekannten Menschen, die ihn verspotten. Ein haarscharfes Uferbild, wie auf drei Schnappschüssen, entsteht in drei Strophen mit Hilfe von Seemannsausdrücken, wie das Löschen (für Ausladen) von Lasten, die Schlepper oder die nassen Rahen (Balken am Mast). Der alte Jude ist das fremde Element in jeder Szene; schon sein Hut, den er abnehmen soll und der seinen etwas lächerlichen Namen betont, wirkt absonderlich in dieser Umgebung. Der »semmelblasse« Mann paßt sowenig hierher unter die Schiffer mit ihren windgebeizten Wangen wie das Aug auf die Faust, die es trifft. Und sind nicht die drei (und dreimal wiederholten) Worte »du alter Jud« wie der Faustschlag, der in der vorhergehenden Zeile dreimal angekündigt wird?

In jeder Strophe beschreiben je acht Verse realistisch eine Gegenwart, auf die der zukunfts- und unheilsträchtig sechszeilige Refrain folgt. Meisterhaft variiert in seiner ersten Hälfte, ist dieser Refrain jedesmal einer anderen Instanz zuzurechnen. In der ersten Strophe spricht ein unpersönlicher Dichter einen Text, der den streunenden Juden warnt: Sein Geschwätz, seine Zungenfertigkeit, kann nicht so rasch reagieren wie die Gewalt, die Faust, und wird ihn nicht retten. Aber der Hausierer läßt sich nicht abschrecken. Er kommt wieder, weil er Freude am Treiben des Hafens hat und der Hafenarbeit gern zuschaut. Ein harmloses Vergnügen. Moses Vogelhut läßt sich ein mit den Matrosen, gibt nicht acht auf sein Geld (die schlecht verwahrte Börse) und führt sie, die ihn mit Alkohol traktieren, ihm an den Bart gehen und mit ihrem Kautabak anspucken (»wisch den Priem vom Hut«), vermutlich in Versuchung. Der zweite Refrain ist höhnisch (»tänzeln tut ja gut«) und geht aufs Konto der Matrosen.

In der dritten Strophe stirbt der Hausierer. Wir sehen nur seine ausgeblutete Leiche, nicht wie's geschah. Moses Vogelhut ging des Nachts am Wasser spazieren, weil er wie andere sehnsüchtige Seelen »allein mit Tau und

Strand« sein wollte. Dann hat der Kaftan des toten Juden das Rad der Mühle eines Morgens zum Stocken gebracht. Wahrscheinlich wurde er ausgeraubt und erschlagen oder erstochen: hatte er doch selbst in der ersten Strophe Messer feilgeboten. Und da er Ähnliches, in der Vorahnung des Refrains, voraussah, könnte man es auch eine Art Selbstmord nennen. Die letzten sechs Zeilen stammen ja von ihm, sie waren seine letzten verbürgten Worte. Er hatte sich das angeeignet, was ihn zu Fall bringen würde. Ob er meinte, er könne der Drohung entgehen, indem er sie konfrontierte, oder ob er sich ihr, um die Folgen wissend, resigniert auslieferte, ist wie das Kernproblem der jüdischen Diaspora und bleibt dahingestellt.

Bertolt Brecht

Apfelböck oder Die Lilie auf dem Felde

1

In mildem Lichte Jakob Apfelböck
Erschlug den Vater und die Mutter sein
Und schloß sie beide in den Wäscheschrank
Und blieb im Hause übrig, er allein.

2

Es schwammen Wolken unterm Himmel hin
Und um sein Haus ging mild der Sommerwind
Und in dem Hause saß er selber drin
Vor sieben Tagen war es noch ein Kind.

3

Die Tage gingen und die Nacht ging auch
Und nichts war anders außer mancherlei
Bei seinen Eltern Jakob Apfelböck
Wartete einfach, komme was es sei.

4

Es bringt die Milchfrau noch die Milch ins Haus
Gerahmte Buttermilch, süß, fett und kühl.
Was er nicht trinkt, das schüttet Jakob aus
Denn Jakob Apfelböck trinkt nicht mehr viel.

5

Es bringt der Zeitungsmann die Zeitung noch
Mit schwerem Tritt ins Haus beim Abendlicht
Und wirft sie scheppernd in das Kastenloch
Doch Jakob Apfelböck, der liest sie nicht.

6

Und als die Leichen rochen durch das Haus
Da weinte Jakob und ward krank davon.
Und Jakob Apfelböck zog weinend aus
Und schlief von nun an nur auf dem Balkon.

7

Es sprach der Zeitungsmann, der täglich kam:
Was riecht hier so? Ich rieche doch Gestank.
In mildem Licht sprach Jakob Apfelböck:
Es ist die Wäsche in dem Wäscheschrank.

8

Es sprach die Milchfrau einst, die täglich kam:
Was riecht hier so? Es riecht, als wenn man stirbt!
In mildem Licht sprach Jakob Apfelböck:
Es ist das Kalbfleisch, das im Schrank verdirbt.

9

Und als sie einstens in den Schrank ihm sahn
Stand Jakob Apfelböck in mildem Licht
Und als sie fragten, warum er's getan
Sprach Jakob Apfelböck: Ich weiß es nicht.

10

Die Milchfrau aber sprach am Tag danach:
Ob wohl das Kind einmal, früh oder spät
Ob Jakob Apfelböck wohl einmal noch
Zum Grabe seiner armen Eltern geht?

Noch heute schockiert dieses Gedicht ein wenig, so hartgesotten wir, durch szenische Gewalt in Film und Fernsehen, auch geworden sind. Es sollte ursprünglich 1920 in einer Berliner Zeitschrift namens »Das Bordell« herauskommen, die aber noch vor der ersten Auslieferung beschlagnahmt und wegen Unzucht verboten wurde. Die Quelle war eine wahre Mordgeschichte, begangen im Jahre 1919 von einem Dreizehnjährigen, so behauptet Brecht in der »Hauspostille«, wo das Gedicht 1927 erschien. Eigentlich war der Junge schon sechzehn, und die Tat war nicht ganz unbegründet; Brecht machte daraus ein sinnloses Verbrechen, begangen von einem noch nicht verantwortlichen Kind.

In einer Postille wird gepredigt, hier wird eher provoziert. Der Verweis auf die Bergpredigt im Titel des Gedichts deutet auf den Widerspruch zwischen deren Versicherung, daß der Herr sich um seine unschuldigen Kreaturen kümmert, und einer widernatürlichen Untat ohne erkennbare Ursache; auch ohne erkennbare Nachwirkung, denn nicht die Tat, sondern der unangenehme Verwesungsgeruch löst die Tränen des Jungen aus: ein Fall für die Psychiatrie. Was soll die Lyrik mit einem solchen Thema?

Anders als im neunzehnten Jahrhundert, eine letzte Blütezeit der Ballade, lesen wir heute Erzählungen fast nur in Prosaform. Aber es gibt eben Ausnahmen, und Brecht war ein Großmeister des erzählenden Gedichts. Hier wählte er den Leierkastenton des Bänkelsängers, die Eintönigkeit von naivem Ausdruck und Reimschema, doch ohne das Zetergeschrei und den Moralismus der volkstümlichen Moritaten. Es walten mildes Licht und gutes Wetter, kein Sturm, keine Wutausbrüche.

In der ersten Fassung gab es eine weitere (vierte) Strophe: »Und als die Leichen rochen aus dem Spind / Da kaufte Jakob eine Azalee / Und Jakob Apfelböck, das arme Kind / Schlief von dem Tag an auf dem Kanapee.« Brecht hat diese Strophe zu Recht gestrichen. Erstens haben wir uns diesen Mörder nicht in Blumengeschäften und wie einen jungen Dandy vorzustellen, mit einer Azalee in der Hand nach Hause zurückkehrend, sondern als kindlichen Killer, der ohne Unterbrechung bei den Toten bleibt, wartend, er weiß nicht, worauf, und der zu phantasielos ist, um Leichengeruch mit Blumen zu vertreiben. Zweitens ist es gerade die Einheit des Ortes und der Handlung, gepaart mit der Eintönigkeit der Verse, die die irritierende Ästhetik dieses Gedichts ausmacht.

Nun ist aber das Zeug zu sensationellen Zeitungsberichten und zu griechischen Tragödien dasselbe: Man denke an Orestes, den Muttermörder, Ödipus, den Vatermörder. Diese klassischen Täter sind insofern unschuldig, als das Schicksal sie in ihre Vergehen treibt. Bei Jakob Apfelböck ist statt Schicksal ein Impuls oder eine Veranlagung im Spiel, die sich seiner Kontrolle und unserem Verständnis entziehen. In beiden Fällen, bei den Griechen wie beim armen Jakob, entsteht der Eindruck des Unausweichlichen, der Eindruck eines Täters, dessen Taten nicht von seinem Willen gelenkt werden.

Zur literarischen Behandlung von Tatsachen gehören der Kommentar, das sehende Auge, die klagende Stimme, zum Beispiel der Chor der antiken Tragödie. Dieser bekennt gerne, daß er aus ganz gewöhnlichen Menschen besteht, die keine Ungeheuerlichkeiten begehen und denen sie auch nicht zustoßen, die sie aber wahrnehmen und darauf reagieren. Bei Brecht sind es Milchfrau und Zeitungsmann, die diese Rolle des Chors übernehmen. Sie decken das Verbrechen auf, und die Milchfrau kommentiert es in der letzten Strophe. Ihre Anspielung auf das sentimentale Lied vom Waisenkind, das nichts hat als »die Rasenbank am Elterngrab«, ist eigentlich die Frage nach Jakobs Gewissen, nach Schuldgefühl und Reue. In ihrer beschränkten Hilflosigkeit wirkt sie lächerlich und unpassend, aber auch wie ein ungelöstes Rätsel, da wir ja keine Lust haben, über diesen Mordfall zu lachen.

Die Tragödie, heißt es, reinigt die Gefühle durch Jammer und Schrecken, anders gesagt durch Mitleid und Furcht; die Boulevardpresse hingegen stachelt Lust und Neugier an. Und deine Gefühle, lieber betroffener Leser? Hier läßt uns der Dichter im Stich, der Vorhang fällt, und es bleiben alle Fragen offen.

Erich Kästner

Patriotisches Bettgespräch

Hast du, was in der Zeitung stand, gelesen?
Der Landtag ist mal wieder sehr empört
von wegen dem Geburtenschwund gewesen.
Auch ein Minister fand es unerhört.

Auf tausend Deutsche kämen wohl pro Jahr
gerade 19 Komma 04 Kinder.
04! Und sowas hält der Mann für wahr!
Daß das nicht stimmen kann, sieht doch ein Blinder.

Die Kinder hinterm Komma können bloß
von ihm und anderen Ministern stammen.
Und solcher Dezimalbruch wird mal groß!
Und tritt zu Ministerien zusammen.

Nun frag ich dich: Was kümmert das den Mann?
Er tut, als käm er für uns auf und nieder.
Es geht ihn einen feuchten Kehricht an!
Mir schläft der Arm ein. So. Nun geht es wieder.

Geburtenrückgang, hat er noch gesagt,
sei, die Geschichte lehrt es, Deutschlands Ende,
und deine Fehlgeburt hat er beklagt.
Und daß er, daß man abtreibt, gräßlich fände.

Jawohl, wir sollen Kinder fabrizieren.
Fürs Militär. Und für die Industrie.
Zum Löhnesenken. Und zum Kriegverlieren!
Sieh dich doch vor. Ach so, das war dein Knie.

Na, komm mein Schatz. Wir wollen ihm eins husten.
Dein Busen ist doch wirklich noch famos.
Ob unsere Eltern, was wir wissen, wußten …
Wer nicht zur Welt kommt, wird nicht arbeitslos.

Der Kinderreichtum ist kein Kindersegen.
Deck uns schön zu. Ich bild mir ein, es zieht.
Komm, laß uns den Geburtenrückgang pflegen!
Und lösch die Lampe aus. Des Landtags wegen.
Damit er es nicht sieht.

Man kann Erich Kästner kaum nachsagen, daß er feministische Neigungen gehegt hat. Im Gedicht zieht er gerne über Frauen her, die, obwohl nicht mehr ganz jung, noch Liebesbedürfnisse stillen wollen, oder Frauen, die sich die Nägel färben (»Wenn es Mode wird, die Brust zu färben / oder, falls man die nicht hat, den Bauch ... tun sie's auch«), in seinen Kinderbüchern sind nur die hingebungsvollen Mütter menschlich wertvoll, und zu seinen sonstigen Äußerungen gehört auch die Entrüstung, daß jetzt schon Hausfrauen Kinderbücher schreiben, im Sinne von: Das ist doch ein ernsthafter Beruf, und Hausfrauen sind naturgemäß Dilettantinnen.

Aber gleichzeitig hat er in den 20er und 30er Jahren oft Gedanken in Verse gefaßt, die heute noch erstaunlich aktuell sind, darunter eben auch unser Gedicht über Schwangerschaftsverhinderung und Abtreibung, ein Thema, das jetzt wieder in allen Industrieländern, auch dort wo beides freigegeben ist, heftig debattiert wird. Hat der Staat das Recht darauf, seinen Bürgern und besonders seinen Bürgerinnen, die Pflicht aufzuerlegen, Kinder zu produzieren? Wenn die Gesellschaft meint, mehr Nachwuchs zu brauchen, als die Familien, aus der sie besteht, brauchen können, darf sie dann moralischen Druck ausüben? Kästner hatte in einem anderen Gedicht die Vision eines totalitären Staates entworfen, zu dem auch der Geburtenzwang gehört: »Die Frauen müßten Kinder werfen. / Ein Kind im Jahre. Oder Haft. / Der Staat braucht Kinder als Konserven. / Und Blut schmeckt ihm wie Himbeersaft.« – »Kinder werfen«, im satirischen Kontext, das heißt, ganz komprimiert ausgedrückt, Frauen sind keine Hündinnen. Geschrieben, Jahre bevor die Nazis das Mutterkreuz erfanden. Offensichtlich hielt Kästner die Entscheidung übers Kinderkriegen für Privatsache.

Ein aktuelles Thema also, heute wie gestern, doch ein lyrisches Thema im üblichen Sinn ist es wahrlich nicht, diese Privatsache, von der unser Gedicht handelt. Wie schafft es der Dichter, dem brisanten, hochpolitischen Stoff eine poetische Seite abzugewinnen? Erstens, indem er ein Liebesgedicht daraus macht, wenn auch ein pragmatisches, selbstverständliches, wie es sich für ein lange verheiratetes Paar schickt, aber unverkennbar echt in der ausgedrückten Zuneigung. Der Schauplatz ist so intim wie möglich, nämlich das Ehebett. Der Sprecher ist der Gatte, und das Gedicht klingt unbefangen und unverschämt in einem wohligen Koitus aus. Womöglich noch intimer wirkt die gemütliche Nähe und Wärme der Eheleute, die sich in den Versen: »Sieh dich doch vor. Ach so, das war dein Knie.« und »Mir schläft der Arm ein. So. Nun geht es wieder.« äußert. Übrigens ist auch Goethes »Selige Sehnsucht« ein solches Schlafzimmergedicht, und man kann, wenn man will, unser Gespräch als eine freundliche Parodie des Germanisten Kästner auf die berühmteren Verse über die »höhere Begattung« lesen, die in Goethes Kammer stattfindet. Auch bei Goethe spricht ein Mann, der bei einer Frau liegt, auch bei ihm ist von Zeugung die Rede, und auch er verwahrt sich gegen die öffentliche Meinung: »Sagt es niemand, nur den Weisen, / Weil die Menge gleich verhöhnet.« Wo die »stille Kerze« in Goethes »Liebesnächten« leuchtet, verlangt Kästners ironisch vorsorglicher Ehemann: »Und lösch die Lampe aus. Des Landtags wegen. / Damit er es nicht sieht.«

Unser kritischer Zeitungsleser ist ein Normalverbraucher, ein Durchschnittsbürger, aber vor einer solchen Bezeichnung warnt das Gedicht implizit. Denn hier liegt die zweite poetische Rechtfertigung dieser Verse. Der Witz der langen Rede besteht ja darin, daß der Sprecher die Logik der Statistik nicht begreift, er sieht nicht ein, was der Bruchteil eines Kindes sein soll. Wir, die Leser, die wissen, was es mit Komma 04 auf sich hat, müssen nun mit ihm nachdenken, ob der Mensch wirklich mit Durchschnittsberechnungen zu erfassen ist. So kommt eine tiefere Wahrheit durch das Mißverständnis ins Spiel. Das ist die Aussage des Denkfehlers, der eine Denkrichtigkeit enthält, die uns spätestens seit Kant geläufig ist, nämlich daß der Mensch kein Mittel zum Zweck sein darf. Und so wird aus Polemik Poesie.

Marie Luise Kaschnitz

Die Katze

Die Katze, die einer fand, in der Baugrube saß sie und schrie.
Die erste Nacht, und die zweite, die dritte Nacht.
Das erste Mal ging er vorüber, dachte an nichts
Trug das Geschrei in den Ohren, fuhr auf aus dem Schlaf.
Das zweite Mal beugte er sich in die verschneite Grube
Lockte vergeblich den Schatten, der dort umherschlich.
Das dritte Mal sprang er hinunter, holte das Tier.
Nannte es Katze, weil ihm kein Name einfiel.
Und die Katze war bei ihm sieben Tage lang.
Ihr Pelz war gesträubt, ließ sich nicht glätten.
Wenn er heimkam, abends, sprang sie ihm auf die Brust, ohrfeigte ihn.
Der Nerv ihres linken Auges zuckte beständig.
Sie sprang auf den Vorhang im Korridor, krallte sich fest
Schwang hin und her, daß die eisernen Ringe klirrten.
Alle Blumen, die er heimbrachte, fraß sie auf.
Sie stürzte die Vasen vom Tisch, zerfetzte die Blütenblätter.
Sie schlief nicht des Nachts, saß am Fuß seines Bettes
Sah ihn mit glühenden Augen an.
Nach einer Woche waren seine Gardinen zerfetzt
Seine Küchc lag voll von Abfall. Er tat nichts mehr
Las nicht mehr, spielte nicht mehr Klavier
Der Nerv seines linken Auges zuckte beständig.
Er hatte ihr eine Kugel aus Silberpapier gemacht
Die sie lange geringschätzte. Aber am siebenten Tag
Legte sie sich auf die Lauer, schoß hervor

Jagte die silberne Kugel. Am siebenten Tag
Sprang sie auf seinen Schoß, ließ sich streicheln und
schnurrte.
Da kam er sich vor wie einer, der große Macht hat.
Er wiegte sie, bürstete sie, band ihr ein Band um den Hals.
Doch in der Nacht entsprang sie, drei Stockwerke tief
Und lief, nicht weit, nur dorthin, wo er sie
Gefunden hatte. Wo die Weidenschatten
Im Mondlicht wehten. An der alten Stelle
Flog sie von Stein zu Stein im rauhen Felle
Und schrie.

Mißglückte Zähmung

Marie Luise Kaschnitz hat ihr Gedicht »Die Katze« eine Ballade, also ein erzählendes Gedicht, genannt. Erzählt wird jedoch lediglich, wie es einem Zeitgenossen mißlang, ein wildes Tier zu domestizieren. Was soll's? Der Katzenzähmer ist ein behauster Mensch, er hat ein bürgerliches Dasein, ist gediegen eingerichtet im dritten Stock, mit Gardinen, Blumenvasen, die er abendlich füllt, einen guten Posten hat er, sonst könnte er sich Bücher und Klavier nicht leisten. Das Problem ist nur, daß er auf dem Weg zu diesen Annehmlichkeiten an einer Baustelle vorbei muß, aus der unliebsame Geräusche kommen. Katzen können bekanntlich wie kleine Kinder schreien; wenn's passiert, ist es nicht auszuhalten, wer's hört, muß Abhilfe schaffen.

Ein Gedicht aus den fünfziger Jahren, als draußen viel gebaut und drinnen viel verschüttet wurde. Eine Baugrube erinnerte damals noch an einen Bombenkrater, Zerstörung und Aufbau zugleich. Vielleicht auch heute noch: Wo gebaut wird, ist Unfertiges, und eine Grube, noch dazu eine dunkle und winterliche, beängstigt. Diese Baugrube mit Schnee und Schrei ist dem Chaos verwandt und daher, psychologisch gesehen, auch dem lautstarken, aber wortlosen Unbewußten. Die Katze, die dort streunt, ist unbehaust.

Mensch und Tier, Haus und Grube. Der Mann holt das Tier mit einiger Anstrengung, denn es läßt sich nicht locken, aus der Grube ins Haus. Was hat er sich nun mit seinen nächtlichen Bemühungen eingehandelt? Eine Albtraumkatze, die ihren Besitzer mit ihren »glühenden Augen« nicht schlafen läßt; eine neurotische Katze, die das Zucken ihres linken Auges auf ihn überträgt und ihm die Freude an Musik, Literatur und Blumen verdirbt. Der Schaden, den sie anrichtet, ist teils komisch, wie Unfug bei Wilhelm Busch, teils beunruhigend, und wir fragen stirnrunzelnd: Warum läßt er sich seine schöne Wohnung von dem fremden Tier verwüsten?

Weil es eben kein fremdes Tier, sondern ein verwildertes Haustier ist. Das tritt deutlich in den wenigen Versen zutage, die der scheinbar gelungenen Zähmung gewidmet sind. Hier lösen sich die vorhergegangenen Unheimlichkeiten in dem normalen, sehr genau beobachteten Verhalten der Katze auf. Sie »jagt« Spielzeug, schnurrt, läßt sich streicheln und das rauhe Fell bürsten; mit einem Band versehen, scheint das Teufelsvieh gebändigt von einem, der »große Macht hat«. Jetzt ist sie endlich, was sie nach Menschenermessen sein soll, eine Hauskatze, und mit ihrer Silberpapierkugel wird sie keinen mehr verunsichern.

Sieben Tage, so bedeutet uns die Autorin mit biblischem Nachdruck, hat dieser Prozeß gedauert. Am Ende des Tages, an dem die Katze sich als harmlos und eingebürgert zu verstehen gab, beweist sie ihrem Meister seine Ohnmacht und entspringt. Nichts hat sich geändert: Das Tier ist dort, wo es schon anfangs war, und lärmt weiterhin in Hörweite. Doch plötzlich, in den letzten sechs Versen, stoßen wir zum ersten Mal auf Reime. In der modernen Lyrik markieren Reime oft nicht Harmonie, sondern das Gegenteil, zum Beispiel Ausweglosigkeit, hier die unentrinnbare Gefährdung der Behaglichkeit. Da ist zunächst der auffällige Reim »Stelle/Felle«, der uns auf die verborgenen Reime »tief/lief« sowie den unreinen Binnenreim »Gefunden hatte/

Weidenschatten« erst aufmerksam macht. Vor allem reimt ein unscheinbares »sie« am Ende des fünftletzten Verses mit dem letzten Wort des Gedichts, dem hallenden »schrie«, das, im Kontrast zu den Langzeilen, die das übrige Gedicht beherrschen, in einem Vers aus nur zwei Silben steht. Dieser zweisilbige Aufschrei ist die Katzenmusik des Unbehagens in der Kultur, um mit Freud zu sprechen. Sie wird auch in Zukunft die Ruhe des Schläfers stören. Er kann einem schon leid tun, dieser Tierfreund, der es doch so gut gemeint hatte.

Peter Huchel

Soldatenfriedhof

Die Luft ist brüchig.
Fünftausend Kreuze
In Reih und Glied,
Streng ausgerichtet
Auf Vordermann.

Nach dem Abendappell
Gehen sie in die Stadt.
Sie bevölkern Ruinen
Und schwarze Brücken,
Werfen Laub in die Grachten.

Sie besuchen den Dom
Und verdunkeln den Heiland.
Aber es glimmen die silber-
Beschlagenen Ecken des Meßbuchs.
Und das Stigma der Abendröte
Brennt auf den Dächern.

Als Fensterschatten
Lehnen sie an der Wand der Bar.
Sie hauchen Eis in die Gläser.
Sie blicken aus Gitarren
Den Frauen nach.

Kurz vor Mitternacht
Hallt gräberhin
Des Todes Clairon,

Das trostlose Trommeln
Die große Retraite,
Der Zapfenstreich.

In erster Helle
Stehen sie wieder
Starr im Geviert.
Fünftausend Kreuze.
Streng ausgerichtet
Auf Vordermann.

Nachkriegsspuk

Fünftausend Tote schweifen abends durch eine Stadt mit Grachten, also eine holländische Stadt, und suchen Frauen, Musik und Gott. Die »Ruinen und schwarzen Brücken« verweisen auf die Bomben des Zweiten Weltkriegs. Die Toten könnten Engländer oder Deutsche sein, es kommt nicht darauf an, ob sie für eine gerechte oder ungerechte Sache gekämpft haben. Es geht um die Trauer der früh und gewaltsam ums Leben Betrogenen, die eben nicht »Frühvollendete« waren, wie das merkwürdige deutsche Wort allzu tröstlich lautet, als könnte einer, der noch nicht einmal ein Drittel des normalen Lebensalters erreicht hat, wirklich vollendet sein. Sie gesellen sich zu den Zivilisten, doch die vorletzte Strophe ruft sie mit Clairon und Zapfenstreich von ihrem Ausgang in die militärische Zucht ihrer Gräber zurück.

Merken's die Lebenden? Ja, denn die Getränke in der Bar werden kälter, die Kirche verdunkelt sich, die Gitarren nehmen die Sehnsucht der Toten nach einem Liebesleben mit auf. Ein Hoffnungsglimmer leuchtet in der dritten Strophe auf, wo im Dom Licht und Dunkel einander gnostisch konfrontieren. Der verdunkelte Heiland weist uns auf die Trostlosigkeit der vorletzten Strophe (»trostloses Trommeln«), wogegen der Einsatz eines »aber« das Silber des Meßbuchs und das Gold der untergehenden Sonne hervorhebt, des Dunkels Gegenkraft. Nur ist dieses Licht wieder durch das Wort »Stigma« relativiert, »Stigma der Abendröte« – eine Genitivmetapher, wie Huchel sie häufig gebrauchte und die er, wie manche seiner Kritiker meinten, gelegentlich strapazierte. Doch unser Gedicht ist karg und nicht metaphernreich, so daß dieser metaphorische Lichtblick ein besonderes Gewicht erhält, ob er vom Dichter nun ernst oder ironisch gemeint ist.

Peter Huchel, der langjährige und später in der DDR verfemte Herausgeber der renommierten Zeitschrift »Sinn und Form«, war selbst Soldat im Zweiten Weltkrieg und hat eine Reihe von bekannten Antikriegsgedichten verfaßt. Unser Gedicht wurde im letzten Jahr vor Huchels erzwungenem Rücktritt als Herausgeber in »Sinn und Form« erstveröffentlicht und erschien im Westen ein Jahr später in dem Band »Chausseen, Chausseen«. Friedhöfe und die Leiden des Kriegs spielen in dieser zutiefst pessimistischen Sammlung eine herausragende Rolle. Doch ein Gespenstergedicht? Was fangen wir, in dieser Hinsicht Ungläubige, damit an?

Dasselbe fragte schon Lessing im Jahre 1767 bezüglich der Spukgestalten auf den Bühnen der Aufklärung und antwortete, daß nur wenige seiner Zeitgenossen den Gespensterglauben tatsächlich abgestreift hätten, denn der Durchschnittsmensch, »der große Haufe«, meinte er, »verhält sich gleichgültig« in puncto Gespenster »und denkt bald so, bald anders, hört beim hellen Tage mit Vergnügen über Gespenster spotten und bei dunkler Nacht mit Grausen davon erzählen«, und schloß daraus: »Der Same, sie zu glauben, liegt in uns allen [...]. Es kömmt nur auf [des Dichters] Kunst an, diesen Samen zum Keimen zu bringen.«

Unsere von Psychologie gesättigte Epoche weiß zu Lessings grundgescheiten Worten noch hinzuzufügen, daß der Ursprung dieses Samens unsere Ängste und vergeblichen Wünsche sind, die wir in traumhaft konkrete Bilder gießen. So wird oft auch Bedrückendes und Beunruhigendes auf die Toten projiziert. Huchels Geister spuken nicht im tiefen Dunkel, sondern wie normale Soldaten haben sie nach dem Abendappell frei, also in der Dämmerung, wenn alles noch wach ist. Da gehen sie in die noch belebte Stadt und sind rechtzeitig zum Zapfenstreich, hier um Mitternacht, wieder zu Hause im Grab. Traditionell fängt die Geisterstunde aber erst um Mitternacht an. Geht der Spuk da nicht von den Köpfen der Davongekommenen aus, die den Krieg und seine Opfer zurücknehmen, ungeschehen machen möchten? Sind die wahren Unfertigen, Unvollendeten die Bewohner der durch die Toten unheimlich gewordenen Stadt, dazu der Dichter, und schließlich wir, die Leser des Gedichts vom Soldatenfriedhof?

Hans Sahl

Kinder baden in Flüssen

Als das Wasser noch jung war
und das Bett der Flüsse rein,
die Windmühlenflügel der Libellen uns streiften
und der Mond, der noch unbeschrittene, uns erschien –
war es da nicht besser zu leben, aufrichtiger,
oder gab es nicht schon damals Unruhe im Hause,
umschattete Augen, Krieg zwischen den Menschen
und die Faust des Vaters auf dem Tische?

Ist nicht die Unschuld, auch sie, eine Schuld von gestern,
der Blick zurück ein Blick in den Abgrund von heute?

Als wir uns abwuschen das Blut des von Kain Erschlagenen,
der Geräderten und Gefolterten vor uns –
wie sang die Amsel so süß
zu unserer frühen Trauer.
Fühlten wir nicht mit dem Juden im Dorn?
Spürten wir nicht schon den Griff nach uns,
als wir um Hänsel und Gretel bangten
und der böse Wolf die Großmutter auffraß?

Und die Gewehrläufe im wehenden Hafer,
die vereiterten Betten, die lautlos durch verdunkelte
Städte fuhren und nirgendwo hielten,
die Feuerzeichen am Himmel über der schwermütigen
Landschaft,
Meteore des kommenden Unheils,
und die lichtscheuen Gesichter, auf ihre Stunde wartend.

Aber das Wasser war immer dasselbe,
und es trug uns mit den Flüssen unbekannten
Meeren entgegen, über Minenfelder, auf denen Möwen
sich schaukelten und Heulbojen
uns den Weg in die Zukunft wiesen –
zu den baumlosen Einöden der Antarktis,
zu den Haifischbuchten, in denen die Harpuniere
vor Anker lagen, zu den
Stacheldrahtinseln unter der Mitternachtssonne.

Dachten wir noch an eine Quelle,
als wir die Mündung erreichten,
an das weiße Bett der Flüsse
beim Anblick der Ölschlacken an den
verseuchten Ufern?
Wir waren das Treibholz, das da
hängenblieb und weitergeschwemmt wurde
in die Nacht der Ozeane,
in die Nacht der phosphoreszierenden Fische,
jeder von uns ein Geworfener,
eine Streichholzschachtel, fortgeschmissen von einem
Gotte
und nun gläubig die Wellen reitend seiner
Vergeßlichkeit.

Aber das Wasser ist noch immer dasselbe,
wenn ich meinen alten Fuß in den Fluß
tauche, der an dem Haus vorbeifließt
mit den zerbrochenen Fensterläden.

Alte Füße

Nachruf auf ein Jahrhundert

Hans Sahl (1902-1993) war ein Verfolgter, ein Exilant, der bei mehreren Versuchen einer Rückkehr zunächst auf Unverständnis und Gleichgültigkeit stieß, bis er in hohem Alter und als Erblindender endlich ein Publikum fand, das sich ansehen wollte, was er aus seinem »Bauchladen« auspackte, wie es in seinem Gedicht »Wir sind die Letzten« heißt. Der Bauchladen enthält die Erinnerungen an ein Jahrhundert, und der Dichter fordert uns, seine Kunden, auf, ihn und seinesgleichen »auszufragen«. Diese Aufforderung ist Hans Sahls eigentliche Botschaft.

Hans Sahl verließ Berlin, wo er eine vielversprechende Karriere als Journalist und Kritiker begonnen hatte, im März 1933, einer der vielen deutsch-jüdischen Flüchtlinge, und kam auf den üblichen Umwegen nach New York. Nach dem Krieg machte er sich als deutscher Übersetzer amerikanischer Theaterstücke verdient um ein Land, das ihn nicht verdient hatte. Die Werke von Thornton Wilder, Tennessee Williams und Arthur Miller öffneten dem damaligen Nachkriegspublikum Fenster in die Welt der ausländischen Literatur, die bislang nicht zugänglich gewesen war. Sahls Werk enthält neben zwei Bänden Memoiren den teils autobiographischen, teils politischen Roman »Die Wenigen und die Vielen« (1959). Doch scheint es heute, daß er hauptsächlich aufgrund seines schmalen lyrischen Werks in Erinnerung bleiben wird.

Sein Leben umspannte das 20. Jahrhundert, von dessen friedlich-brenzligen Anfängen über seine heißen und kalten Kriege bis hin zu seinem ökologisch gefährdeten

Fin de siècle. »Meine Generation hat ein großes Thema«, schrieb er 1977 und meinte damit Krieg und Verfolgung. Doch sein eigentliches Thema war das Exil. Er sah sich gern als ein Mitglied seiner Generation und als einen typischen Fall unseres Zeitalters. »Wir« ist das ihm gemäße Pronomen. Von all dem ist die Rede in unserem Gedicht und auch von einer Heimkehr, sozusagen.

Unser Gedicht ist das vierte und letzte eines Gedichtzyklus, der »Das Land unter dem Mond« überschrieben ist. Im ersten, titellosen Gedicht tritt ein als Gralsritter verkleideter bluttrinkender Verderber auf. Die Anspielung auf Hitler, der sich ja tatsächlich in Ritterrüstung malen ließ, ist überdeutlich. Solche Bilder erinnern daran, daß das, was heute lächerlich wirkt, damals nicht nur Bewunderung, sondern auch Entsetzen auslösen konnte. Das zweite der vier Gedichte feiert das Gegenstück zum Verderber, nämlich eine deutsche Frau, die Juden geholfen hatte. Das dritte heißt wie der Zyklus »Das Land unter dem Mond« und bezieht sich auf das Land der Kindheit, »wo ich einmal lebte und niemand mehr wohnt«. In diesem Gedicht wird eine ebenso gängige wie unbeantwortbare Frage vorausgesetzt, etwa »Wie stehen Sie heute zu Deutschland, Herr Sahl?« Und der Dichter gibt geduldig Antwort, denn er ist ja der mit dem Bauchladen voller Erinnerungen, der die Fragen herausfordert:

Es sind nicht immer die größten Dichter, die das letzte
Wort haben.
Erinnerungen an Erinnerungen schreiben sich schwer,
wie ich zu Deutschland stehe, ich weiß es nicht mehr
[...]
Gras wuchert über den Schienenspuren,

die meine Brüder in die Vernichtung fuhren.

Doch ich denke oft an das Land unter dem Mond,
wo ich einmal lebte und niemand mehr wohnt.

Das vierte Gedicht des Zyklus, »Kinder baden in Flüssen«, faßt nun die Erfahrungen der vorherigen zusammen. Die Überschrift klingt wie der Titel eines idyllischen Gemäldes, badende Kinder, eine anschauliche Szene; zugleich symbolisiert er das Eintauchen ins Leben. Im Gedicht selbst entspricht ihm nichts. Der Satz »Kinder baden in Flüssen« bleibt dem Gedicht vorgestellt als ein Beziehungspunkt, ein Ausgangspunkt, nicht als eine Inhaltsangabe. Wasser als Fluß der Zeit, ein uraltes Bild, ermöglicht Auszug und Heimkehr, weil es als Lebenselement »immer dasselbe« bleibt. Kinder, die in Flüssen baden, riskieren aber auch weggeschwemmt zu werden. Die Badenden des Titels genießen vermutlich ihr Bad; die zu den unbekannten Meeren Getragenen des Textes sind hingegen der Strömung ausgeliefert.

Am Anfang stellt der Dichter die Frage nach einer vermeintlichen ursprünglichen Unschuld jener frühen Zeit. Die Verse 9 und 10 suchen die Ursprünge der späteren Verbrechen in einer Zeit, die anscheinend noch ohne Sünde war. Der Rückblick in die scheinbare Unschuld ermöglicht ein besseres Verständnis für die spätere Schuld. Sicher war das Wasser damals unverschmutzt, heißt es in den ersten Versen, und weder die Mondlandung noch die Kriege hatten schon stattgefunden. Das Wort »unbeschritten« lenkt den Leser wie von ungefähr auf die Entromantisierung der Kindheit durch wissenschaftliche Fortschritte. Das wäre das Wenigste. Aber die Gewalttätigkeit, die dann im Krieg mündete, die gab es damals auch schon im engeren Familienbereich, verkörpert durch die Faust des Vaters auf dem Tisch. Und so erwehrt sich der Rückblickende einer Nostalgie, die verlogen wäre. Gewalttätige Geschichten kannte man genug: sie füllen die dritte Strophe. Der Rückblickende fragt, ob das Kind sich von diesen Märchen und Bibelgeschichten bedroht fühlte, ob es die Aktualität, die solche Erzählungen entstehen ließ, erkannte, »den Griff nach uns« spürte, im judenfeindlichen Märchen und in den beiden anderen, die von schutzlosen Kindern handeln.

Vom Elternhaus geht es dann in eine Landschaft, wo Vorbereitungen für den Krieg wahrnehmbar sind oder auch vielleicht (die Bezüge sind nicht ganz klar) Erinnerungen an den Ersten Weltkrieg und die erste Nachkriegszeit auftauchen. Die nächsten beiden Strophen, etwa von Vers 25 bis 44, sind für den heutigen Geschmack überfrachtet, und wir weigern uns wohl, ihren händeringenden Jammer als Katharsis nachzuvollziehen. Das pathetisch-existentielle Bild vom Menschen als weggeworfene Streichholzschachtel eines vergeßlichen Gottes ist eher ein Zeugnis für die typische Haltung der Heimkehrergeneration, die sich mit dem eben erfahrenen Unheil noch nicht analytisch auseinandersetzen konnte und es deshalb ins Negativ-Mystische verklärte. Und doch halten diese beiden zentralen Strophen den Vergleich etwa mit Wolfgang Borcherts Aufschrei gegen göttliche und menschliche Machthaber gut aus. Der Text ist an dieser Stelle bezeichnend für die Stimmungslage einer bestimmten Zeit und sollte so gelesen werden. Daß er von einem jüdischen Exilanten herrührt und nicht von einem deutschen Kriegsveteranen, zeigt, wie allgegenwärtig diese Tonlage damals war, die heute wehleidig klingt, auch wenn der Schmerz über die zerstörte Heimat noch so ehrlich war.

Das Originelle an unserem Gedicht sind der Anfang und das Ende. Die Heimkehr zum Fluß der Kindheit, zurück zur Quelle, kommt ohne theatralische Mittel aus, bezieht sich nur auf das schon Gesagte, nämlich die Bilder vom Fluß und dem Kind, das dort aufwuchs. Analog zu den badenden Kindern des Titels stellt hier ein betagter, vielerfahrener Mann seine Füße in »dasselbe« Wasser wie damals, nur sind die Fensterläden des Hauses am Fluß zerbrochen, und der nackte Fuß ist alt geworden. Fast im ganzen Gedicht ist die Rede von »wir«. Daher wirkt das »ich« der letzten Strophe so auffallend und erinnert uns daran, daß auch der geschichts- und generationsbewußteste Mensch nur ein Paar Füße hat und in seiner Haut allein ist. Und so ist dieser Fluß vielleicht doch nicht jedermanns Kindheitswasser, sondern die Elbe bei Dresden, wo Hans Sahl Kind war. Mit dem in Frage gestellten Idyll des Anfangs und der resignierten Heimkehr des Schlusses rahmt Sahl das Jahrhundertgeschehen der Gedichtmitte ein. Gleichzeitig gibt er dem Sprecher sein Privatleben zurück. Gerade durch die Verweigerung einer Nostalgie der Kindheit feiert er ein Trauerritual für die Heimstätten der Heimatlosen.

Sahl war kein großer Dichter. Peter Wapnewski schrieb über ihn: »Wer sich gelegentlich erinnert fühlt an Benn oder Brecht, an Heine oder Trakl, erinnert sich zu Recht«, und billigte ihm doch gleichzeitig einen unverkennbaren »Sahl-Ton« zu. Michael Rohrwasser sieht Sahls Bedeutung in der »Auskunftsbereitschaft eines der letzten Zeitzeugen der großen deutschen Emigrationsbewegung des 20. Jahrhunderts«. *Nur* Epigone und Zeitzeuge war er gewiß nicht. Es gelingen ihm überraschend originelle Bilder und Formulierungen, wie der schon erwähnte berühmte »Bauchladen« der Erinnerung und in unserem Gedicht die alten Füße im Wasser der Kindheit.

Sicher ist er durchschaubar. Er hat keine Geheimnisse, denen man nicht auf die Spur kommen könnte. Man kann sein Werk ausloten. Unser Gedicht hat Schwächen, doch es sind die Schwächen derer, die das 20. Jahrhundert durchgestanden haben und die uns an seinem »wir« teilhaben lassen. Hans Sahl hatte recht, als er schrieb: »Es sind nicht immer die größten Dichter, die das letzte Wort haben.«

Christine Lavant

Lockte mich die alte Zauberin

Lockte mich die alte Zauberin
wirklich fort aus meinem Apfelgarten
und nun rinnt aus meinen Händen Sand.
Wie sie kichert! – Ach, sie sagt, ich bin
eine Uhr bloß unter Uhrenarten,
eine, die sie auf der Straße fand.

Viele hat sie schon in ihrem Haus,
manche schreien: Kuckuck! – und sind heiter
auch die Sonnenuhren tun sich groß;
abends geht die alte Hexe aus
und begegnet einem dürren Reiter,
für ein Ührlein nimmt er sie aufs Roß.

Was sie sich erzählen bei dem Ritt,
wenn sie zwischen Höll' und Himmel rasen,
ist mir armen Sanduhr unbekannt.
Manchmal schrei ich: Nehmt mich endlich mit!
Öfter hoff ich, daß sie mich vergaßen,
und aus meinen Händen rinnt der Sand.

Im Hexenhaus

Christine Lavants Leben spielte sich in engen Grenzen ab, und »Grenzen« ist in jeder Beziehung das richtige Wort. Eine volle Entwicklung war ihr nicht beschert, wegen Armut, beschränkter Ausbildung und vor allem durch Gebrechlichkeit, ständige Schmerzen und eine Reihe von Krankheiten, die sie zeitlebens zur Invalidin machten. Was sie kannte, war vor allem die Natur in dem Kärntner Lavanttal, wo sie geboren wurde und von dem sie ihren Künstlernamen bezog, und die kirchlichen Lehren. Das sind Standort und Ambiente der meisten ihrer Verse, allerdings das Christentum oft in blasphemischer Umkehrung.

Unser Gedicht jedoch ist eher heidnischen Ursprungs, auf jeden Fall folkloristisch geprägt. Zwei märchen- und sagenhafte Gestalten sind die Gegenspieler der Sprecherin. Eine Hexe hat sich des Ichs bemächtigt und ins Hexenhaus verschleppt oder verlockt, aus dem Apfelgarten, der in Lavants Gedichten oft einen *locus amoenus* bedeutet, jedenfalls einen lebensfördernden Ort, während das Haus der Zauberin, in dem das Ich nun wohnen muß, von der Todeserwartung durchtränkt ist, völlig eingestellt auf die verfließende Zeit, denn es hausen nur Uhren darin. Sie sind die Unerlösten, die zur Vorhölle, zum Limbo, verdammt sind. Der Mensch ist nicht Besitzer einer die Zeit verkörpernden Uhr, sondern er ist selbst eine solche geworden.

Der zweite Unhold, mit dem die Zauberin Umgang pflegt, ist ein unheimlicher Nachtreiter, dem die Uhren nach und nach ausgeliefert werden. Das trifft auf alle zu, auch auf die »heiteren« Kuckucksuhren und die lichtabhängigen Sonnenuhren, die sich »großtun«, aber es läßt sich am deutlichsten an den Sanduhren erkennen. Zu diesen ganz gewöhnlichen gehört auch die Sprecherin, »eine Uhr bloß unter Uhrenarten«, eine Allerwelts-, sozusagen eine »Straßen«uhr.

Das Gedicht kommt daher wie Hänsel und Gretel oder wie »Der Zauberlehrling«, amüsant und gruselig zugleich. Im Hexenhaus geht's scheinbar ganz munter zu, denn nicht alle Uhren sind so besessen wie die Sprecherin. Ihr geht es nur um das seelische Zwillingspaar Todesangst und Todessehnsucht. Statt Pathos, wie es gerade bei diesem Thema verzeihlich, sogar angebracht wäre, ist der Grundton des Gedichts ein kindlich verstörtes Aufbegehren – nicht umsonst beherrscht das Wort »kichern« die erste Strophe, wenn es auch aus dem Mund der mißgünstigen Zauberin kommt. Die Hexe ist die Vermittlerin zwischen Leben und Tod, wie es Hexen so an sich haben. Die Sprecherin klammert sich ans Hiersein und will gleichzeitig aus dem Leben scheiden. Der Weg in den Tod ist ein Zauberritt, den man auch einmal versuchen möchte, schon deshalb, weil da von Unbekanntem die Rede sein wird, aber dann doch lieber nicht. Keine der beiden Neigungen siegt, und am Ende bleibt nur das fortgesetzte Warten, dem der rinnende Sand des dritten und des letzten Verses entspricht.

Das Versmaß ist regelmäßig und die Form traditionell. Die Gestalten sind eine Abwandlung von Bekanntem. Das Originelle, das, was uns aufhorchen läßt, ist der psychologische Zustand des Ichs, das sich als ein armes, hilf- und ratloses Geschöpf gibt, eine Stimme aus dem Abgrund der befristeten Zeit. Was da mitschwingt, ist eine im modernen Sinne psycho-pathologische Ambivalenz, die sich zwar der holzschnittartigen Widersacher bedient, aber tiefer schürft als deren einfache Symbolik. Es sind volksliedartige Töne, doch wird kein genauer Leser ihr Alter überschätzen. Denn bei näherem Hinhören entpuppt sich die »Volksballade« als eher beckettverwandt und seine Sprecherin als eine Figur, die genauso gut auf Godot wie auf den reitenden Kumpel der Zauberin warten könnte. Das Warten hat sich verselbständigt und ist mit dem Leben eins geworden.

Paul Celan

Todesfuge

Schwarze Milch der Frühe wir trinken sie abends
wir trinken sie mittags und morgens wir trinken sie nachts
wir trinken und trinken
wir schaufeln ein Grab in den Lüften da liegt man nicht eng
Ein Mann wohnt im Haus der spielt mit den Schlangen der schreibt
der schreibt wenn es dunkelt nach Deutschland dein goldenes Haar Margarete
er schreibt es und tritt vor das Haus und es blitzen die Sterne und er pfeift seine Rüden herbei
er pfeift seine Juden hervor läßt schaufeln ein Grab in der Erde
er befiehlt uns spielt auf nun zum Tanz

Schwarze Milch der Frühe wir trinken dich nachts
wir trinken dich morgens und mittags wir trinken dich abends
wir trinken und trinken
Ein Mann wohnt im Haus der spielt mit den Schlangen der schreibt
der schreibt wenn es dunkelt nach Deutschland dein goldenes Haar Margarete
Dein aschenes Haar Sulamith wir schaufeln ein Grab in den Lüften da liegt man nicht eng

Er ruft stecht tiefer ins Erdreich ihr einen ihr andern singet und spielt
er greift nach dem Eisen im Gurt er schwingts seine Augen sind blau

stecht tiefer die Spaten ihr einen ihr andern spielt weiter zum
Tanz auf

Schwarze Milch der Frühe wir trinken dich nachts
wir trinken dich mittags und morgens wir trinken dich abends
wir trinken und trinken
ein Mann wohnt im Haus dein goldenes Haar Margarete
dein aschenes Haar Sulamith er spielt mit den Schlangen

Er ruft spielt süßer den Tod der Tod ist ein Meister aus
Deutschland
er ruft streicht dunkler die Geigen dann steigt ihr als Rauch
in die Luft
dann habt ihr ein Grab in den Wolken da liegt man nicht eng

Schwarze Milch der Frühe wir trinken dich nachts
wir trinken dich mittags der Tod ist ein Meister aus
Deutschland
wir trinken dich abends und morgens wir trinken und trinken
der Tod ist ein Meister aus Deutschland sein Auge ist blau
er trifft dich mit bleierner Kugel er trifft dich genau
ein Mann wohnt im Haus dein goldenes Haar Margarete
er hetzt seine Rüden auf uns er schenkt uns ein Grab in der
Luft
er spielt mit den Schlangen und träumet der Tod ist ein
Meister aus Deutschland

dein goldenes Haar Margarete
dein aschenes Haar Sulamith

Abstrakte Zeitgeschichte

Mit diesem berühmtesten aller deutschen Nachkriegsgedichte steht es ein wenig wie mit Picassos großem Gemälde »Guernica«. Das Gemälde stellt einen der ersten Luftangriffe dar, von Naziflugzeugen ausgeführt, bei denen Zivilisten ums Leben kamen. Aber es ist kein realistisches Bild, sondern der Maler verwendet, was er an avantgardistischen Methoden gelernt und geübt hat. Mit abstrakten oder surrealen Mitteln bezieht sich das Bild auf ein aktuelles Geschehen, verortet in dem lakonischen Stadtnamen des Titels. Die Gestalten sind erkennbar, aber sie sind verzerrt im Terror und der Zerstörung, Unheil an Menschen, von Menschen verübt. Meistens ist es ja so, daß sich sowohl die abstrakte Malerei wie die abstrakte Lyrik von der Realität entfernt und das Publikum, sofern es nach einer Deutung und Darstellung der Realität verlangt, im Stich läßt. Andererseits sind rein realitätsbezogene Gedichte und Bilder einem modernen Geschmack oft zu bieder und einfallslos. In »Guernica« und in der »Todesfuge« schließt sich ein Kreis, das Wort und der Pinsel finden zu ihren Anfängen, zum Erlebnis, zurück, aus dem dann die Kunst dieses Erlebte nicht in seiner Ganzheit, sondern im Gegenteil, in seiner Brüchigkeit wiederauferstehen läßt. Der Dichter nimmt Wortgefüge, wandelt sie ab, verwebt sie miteinander, setzt sie immer neu zusammen, jedesmal mit einer kleinen Änderung. Diese neuen Gebilde sagen nichts Neues aus, das Gedicht »informiert« nicht, im Gegenteil, es setzt voraus, daß der Leser oder der Hörer mit der jüngsten deutschen Geschichte vertraut ist. Das Gedicht klagt und führt die Klage von einer Stufe zur nächsten.

Fragmentartig tauchen die Teile, die Hinweise auf die Vernichtungslager auf, entziehen sich der Logik, aber nicht der Trauer, die sie auslösen. Als Hörer und Leser sind wir hin- und hergerissen zwischen einer aus den Fugen geratenen Welt und einer, die sich wie eine Fuge zusammenfügt und musikalischen Trost gewährt. Die Bildsprache ist unheimlich, nicht eigentlich entsetzlich, doch die Worte, die Metaphern und Bilder sind zutiefst beunruhigend und können Entsetzen auslösen, während im Kontrast dazu im hochmusikalischen Zauber der Form ein gewisser Trost liegt.

Warum »Fuge«? Die Fuge gilt als die mathematischste aller musikalischen Kompositionstechniken und besteht aus mehreren Stimmen, die wechselseitig aufeinander folgen und sich überschneiden. Ein Thema (Subjekt) erklingt allein, in seiner Grundgestalt, wird beantwortet, und eine oder mehrere neue Stimmen spielen mit Abweichungen das Thema in Variationen durch. Die Fuge arbeitet mit einem Übereinander von Akkorden, die ein Gedicht natürlich nicht nachahmen kann, denn das Gedicht muß zwangsläufig linear verfahren, das heißt es muß die Wörter immer noch aneinander reihen, nicht sie gleichzeitig einsetzen, wie die Fuge es mit ihren Akkorden tut. Auch von dem Wechselgesang der Fuge kann nicht die Rede sein, denn es gibt nur *eine* Stimme, das »Wir«. Aber die »Todesfuge« setzt Worte, die ein mörderisches Geschehen bezeichnen, mit Variationen an verschiedenen Stellen des Gedichts ein und wirkt daher mit einer musikalischen Regelmäßigkeit, wie ich sie von keinem anderen Gedicht kenne, die sich übrigens auch gut in andere Sprachen übersetzen läßt, weil sie nicht nur an den Klang der einzelnen Worte gebunden ist. Ein Beispiel sind die verschiedenen Tageszeiten, die auf »schwarze Milch der Frühe« folgen; »wir trinken sie mittags« und »morgens« oder »nachts«; ein anderes Beispiel sind die Haare der beiden Frauen, die in den verschiedenen Kontexten einzeln auftauchen und zusammenfinden.

Einige der Bestandteile des Gedichts sind Kontrastpaare: »schwarze Milch« zum Beispiel. Milch ist Inbegriff der lebensspendenden Flüssigkeit, hier verkehrt in den Todestrank. Oder die beiden Frauennamen: Margarete steht im Kontrast zu Sulamith aus dem Hohelied, die Geliebte des mythischen Deutschen Faust zur Geliebten Salomons, des weisesten Königs der Juden, beide entlehnt aus großen literarischen Werken, die für die jeweilige Kultur zentral sind. Der Kontrast ist nicht zwischen blond und brünett – das wäre banal –, sondern das strahlende und lebendige Gold der Gretchenhaare hat das aschene Haar der biblischen Frau zum Gegensatz, das heißt Verbranntes, ein verhaltener Hinweis auf die Krematorien, die etwa in den Gedichten von Nelly Sachs, einer Freundin Paul Celans, viel konkreter als die »Schornsteine« aufgerufen werden.

In dem Vers: »er befiehlt uns spielt auf nun zum Tanz« kommt ein vertrautes Motiv aus der spätmittelalterlichen Malerei zur Geltung, nämlich der Totentanz. Eine frühe Version, sowie auch eine rumänische Übersetzung, hat den Titel »Todestango«, betont also interessanterweise das Tanzmotiv, und nicht die Form des Gedichts, wie es der spätere Titel tut. In der Malerei ist es der Tod selbst, der »aufspielt«, bei Celan ist er »der Mann«, der im Haus wohnt, der aber wohl identisch ist mit dem »Meister aus Deutschland«. Meister, das ist ein Maestro, der die Musik dirigiert oder ein Maler – ein Meister des Totentanzes –, oder einfach ein Herr im Sinne von Herrenmensch, also einer, der Macht hat über die Untermenschen. Ein schillerndes Wort, dieses »Meister«. Auch Musik und Tanz sind eingesetzt in diesem Szenarium einer furchtbar verkehrten Welt, wo aus Milch die Todesflüssigkeit wird und das Grab in der Erde (»stecht tiefer ins Erdreich«) zum Grab in der Luft (»da liegt man nicht eng«). So werden aus Musik und Tanz Todeszeichen, ganz abgesehen davon, daß es, wie wir wissen, tatsächlich erzwungene Orchestermusik in den Lagern gegeben hat. Hunde und Schlangen tauchen auf als drohende Tiersymbole. Die Hunde entsprechen der Wirklichkeit, die Schlangen dem Mythos.

Gedichte sind gebundene und von altersher meist auch gereimte Sprache. Moderne Dichter haben den Reim weitgehend, aber keineswegs durchgehend aufgegeben. Tatsächlich ist es der Reim, der uns in der Kindheit als das Eigentliche am Gedicht vorkommt, das, was im Gedächtnis hängenbleibt, sozusagen eines der Lebenselemente des Gedichts als Gattung. Celan hat selbst in seinen frühen Gedichten drauflosgereimt, wie er es bei Rilke gelernt hatte, und er konnte es auch fast zu gut. Zweifel an der Aussagefähigkeit dieses Mittels dürften ihm schon gekommen sein, als er ein frühes Klagelied auf die ermordete Mutter mit den Versen beendete: »Und duldest du, Mutter, wie einst, ach, daheim, / den leisen, den deutschen, den schmerzlichen Reim?«

Hier stellt er Reim gereimt in Frage. In der »Todesfuge« wird das Reimen sozusagen hingerichtet, denn da gibt es nur einen einzigen, und der ist im wahrsten Sinne des Wortes, tödlich: »der Tod ist ein Meister aus Deutschland sein Auge ist blau / er trifft dich mit bleierner Kugel er trifft dich genau«. Die Milch ist schwarz, das Haar ist aschen, der Reim mordet. Verkehrte Welt.

Unser Gedicht ist nun auch schon über fünfzig Jahre alt, und es hat seine Geschichte. Der Autor, Paul Antschel, der sich in Verkehrung der beiden Silben seines Nachnames später Paul Celan nannte, 1920 in Czernowitz geboren, war in gewissem Sinne ein österreichischer Jude wie Theodor Herzl, nämlich aus dem größeren Umkreis des alten Reichs geistig an einem Wien ausgerichtet, das ihn auch nach dem Krieg enttäuschte. Er war selbst ein Gefangener und Zwangsarbeiter in der Nazizeit und verlor beide Eltern im Holocaust. Er mußte Straßenarbeiten mit Spaten und Schaufel verrichten. Wenn man ihn nach seiner Arbeit fragte, so antwortete er mit einem Wort: »Schaufeln.« Schaufeln war ihm so Inbegriff sinnloser Arbeit, im Gedicht gesteigert zu tödlicher Arbeit.

Das Gedicht entstand wahrscheinlich 1945, vielleicht schon 1944. Das Entstehungsdatum ist deshalb von Bedeutung, weil die »Todesfuge« später verschiedenen Plagiatsvorwürfen ausgesetzt war. Die »Todesfuge« steht dann im ersten von Celans Gedichtbänden, dem in Wien 1948 erschienenen «Der Sand in den Urnen«, gedruckt in nur fünfhundert Exemplaren, ein Buch, das wegen der zahlreichen Druckfehler auf Drängen des Autors rasch wieder eingezogen wurde. Einer größeren Öffentlichkeit wird die »Todesfuge« erst in dem aufsehenerregenden Band »Mohn und Gedächtnis« von 1952 zugänglich. Von da an war Celan ein gefeierter, aber auch ein umstrittener Dichter.

Auf zweierlei Weise ist die »Todesfuge« in den öffentlichen Diskurs geraten. Einerseits ist es zu einem quasisakralen Gedicht hochstilisiert worden, das bei öffentlichen Anlässen gerne zitiert und aufgesagt wird. Ein Gedicht kann und soll aber niemals ein Ersatz für eine heilige Schrift sein. Wir sollten wir uns davor hüten, einen literarischen Text mit pseudo-religiöser Ergriffenheit zu rezipieren. Ein Gedicht ist ein ästhetischer und ein profaner Text, profan im Sinne von säkular, und sollte nicht kniefällig hingenommen werden. Unser Empfinden mag noch so emotional auf das Gedicht reagieren, immer noch muß es dem Verstand und dem kritischen Denken offen bleiben. Damit kommen wir aber zum zweiten Stellenwert der »Todesfuge«, der dem ersten widerspricht. Die »Todesfuge« wurde nämlich zum Brennpunkt für Theodor Adornos berühmtes Wort, das Schreiben von Gedichten nach Auschwitz sei barbarisch. Dieser Satz ist nicht so autoritär wie er zuerst klingen mag. Er steht in einem Kontext, wo über das dialektische Verhältnis von Kultur und Barbarei gehandelt wird und wie das eine paradoxerweise zum anderen werden kann. Doch der Grund, warum dieser Satz so viel diskutiert wurde, ist, daß er eine heikle Frage aufwirft, die uns immer noch angeht. Die Frage nämlich, ob man Spaß haben darf am Massenmord.

Das habe ich natürlich jetzt so aufreizend wie möglich formuliert. Doch mit Absicht, um die Sache auf den Punkt zu bringen. Adorno war nicht der einzige, der sich nicht wohl fühlte bei der Aussicht, daß die Kunst den Hinterbliebenen Vergnügen und Unterhaltung auf Kosten der Ermordeten verschaffen würde. Die Frage ist, ob es unmoralisch sei, die jüdische Katastrophe auf diese Weise zu instrumentalisieren. Und noch jetzt häufen sich die Beispiele, daß wir ein moralisches Urteil auf Werke anwenden, die wir ganz bestimmt unter einem anderen Blickwinkel in Augenschein nehmen würden, wenn sie einen anderen Inhalt hätten. Es gab zum Beispiel eine Ausstellung im Jüdischen Museum in New York, wo Konzentrationslager mit Legoblöcken nachgebaut sind, was vielen Beobachtern als unerlaubt verspielt vorkam. Ich stehe diesen Problemen auch nicht neutral gegenüber, aber gleichzeitig scheint mir ein Tabu des Holocaust für künstlerische Behandlung so etwas wie eine weitere Ghettoisierung zu sein. Der Holocaust wird sozusagen zum Baum der Erkenntnis, als ob wir sagen wollten: Aus allen anderen Geschichten dürft ihr Kunst und Literatur machen, nur aus diesem nicht. Das ist erstens undurchführbar, zweitens ist es auch nicht gerechtfertigt. Man muß bei der künstlerischen Verarbeitung wie immer zwischen Kunst und Kitsch unterscheiden und womöglich die Entrüstung ganz beiseite lassen. Die »Todesfuge« hat sich bewährt. Nach Aristoteles' Definition bewirkt tragische Kunst Läuterung durch Furcht und Mitleid, besser übersetzt als Jammer und Schrecken, und macht die Vergangenheit, die wir mit uns tragen müssen, ein wenig erträglicher.

Paul Celan

Assisi

Umbrische Nacht.
Umbrische Nacht mit dem Silber von Glocke und Ölblatt.
Umbrische Nacht mit dem Stein, den du hertrugst.
Umbrische Nacht mit dem Stein.

Stumm, was ins Leben stieg, stumm.
Füll die Krüge um.

Irdener Krug.
Irdener Krug, dran die Töpferhand festwuchs.
Irdener Krug, den die Hand eines Schattens für immer
verschloß.
Irdener Krug mit dem Siegel des Schattens.

Stein, wo du hinsiehst, Stein.
Laß das Grautier ein.

Trottendes Tier.
Trottendes Tier im Schnee, den die nackteste Hand streut.
Trottendes Tier vor dem Wort, das ins Schloß fiel.
Trottendes Tier, das den Schlaf aus der Hand frißt.

Glanz, der nicht trösten will, Glanz.
Die Toten – sie betteln noch, Franz.

Der Heilige und die Toten

»Assisi« besticht zunächst durch den Sog seiner Musikalität, die Harmonie von Kurz- und Langzeilen, die Wortwiederholungen, die Alliteration (»trottendes Tier«), die aufeinander abgestimmten Vokale, die punktuell eingesetzten Reime. Strukturell ist auf den ersten Blick einsichtig: drei stark rhythmisierte Vierzeiler wechseln mit drei Reimpaaren. Eine Art Magie wird besonders beim Lautlesen spürbar. Aber was ist der Sinn des Ganzen?

Zwar pfeifen es die Spatzen längst von den Dächern: Die Frage »Was will der Dichter uns sagen?« ist unzulässig, ist kindisch, beziehungsweise schulmeisterlich. Gedichte können komponiert sein wie Musikstücke, an die man ja auch die verpönte Frage nicht stellt. Trotzdem suchen wir nach Anhaltspunkten, wenn wir aussagefähige Wörter lesen. Ein noch so wohllautendes Kauderwelsch oder ein Gedicht in einer uns unbekannten Fremdsprache hält unserer Neigung zur Unaufmerksamkeit nicht stand.

Orientierung bieten der Ortsname im Titel und der Eigenname am Ende. Wir befinden uns in der Landschaft des Heiligen, dem alle Kreatur lieb war, daher das Grautier des zwölften Verses. Die Figur der Hand drängt sich auf, variiert als Töpferhand, Schattenhand, schneestreuende Hand, schlafbietende Hand, der das Tier vertraut. Zu Anfang trägt einer eine Last, einen Stein, in dieses von Schatten, von Toten beherrschte Umfeld. (Im wiederholten »Umbrien« schwingt wohl das lateinische *umbra*, Schatten, mit.) Die Reimpaare ordnen sich ein als Übergang von *einem* Zeichen- und Symbolkreis zum nächsten, von Nacht und Stein zu Krug und Hand zu Tier und Hand, wobei das »stumme Leben« des fünften Verses immer stärker hervortritt.

Wie Zaubersprüche, wie ein »Sesam öffne dich«, stellen die beiden ersten Zweizeiler Forderungen im Imperativ. Auf den Befehl »Füll die Krüge um«, tritt sofort der Krug in Erscheinung als Dominante jedes der vier folgenden Verse. Auf den nächsten Imperativ »Laß das Grautier ein«, trottet das Tier viermal in die Strophe. Die Reime akzentuieren formelhaft Spruchartiges.

Die Beschwörung ist wirksam und doch vergeblich, denn die Zugänge sind versperrt. Der Krug entsteht zwar als Wortbild, wird aber nicht gefüllt, denn er ist durch die »festgewachsene«, auf dem Deckel sichtbare Töpferhand verschlossen. Hände sind solchen alten Krügen oft aufgeprägt. So findet auch das Tier keinen Einlaß; wider Erwarten fällt statt einer Tür das Wort ins Schloß. Das sind traumhaft unlogische Verschiebungen: Statt Futter frißt der Esel den Schlaf aus der Hand, und »die nackteste Hand« (ein vergleichloser Superlativ) streut Schnee. Von der surrealistischen Malerei sind wir an Gegenstände gewöhnt, die auftauchen, wo sie realiter nicht hingehören. Auch bei komischen Versen (bei Morgenstern, auch bei Jandl) bereiten uns Vertauschungen, die unserem Verständnis der wahrgenommenen Welt widersprechen, mehr Heiterkeit als Schwierigkeit. Bei Celan gibt es einen todernsten Unsinn, der uns gewisse sprachliche und psychische Strukturen vorführt, hier den Wechsel von Gelingen und Versagen, Beschwörung und Verweigerung.

Im letzten Zweizeiler steht der Heilige in der Glorie, die nicht tröstet, umgeben von bettelnden Toten. Vielleicht sind diese Ungetrösteten sein Gefolge, seine Mönche und Brüder, die ihn nicht anbetteln, sondern *mit* ihm betteln, denn die Franziskaner sind ja ein Bettelorden. Dann wäre Celans »Franz«, anders als Giottos Franziskus, der in der Basilika in Assisi im Triumph strahlender Farben leuchtet, der Abt dieser Ruhelosen, die vereiteltem Leben nachtrauern.

In Celans später Lyrik gibt es noch weniger Wegweiser als in unserem relativ frühen Gedicht von 1955. Bezeichnend auch für das Spätwerk bleiben die Sprachmelodie und die gleichzeitige Verunsicherung des Lesers durch Sinnentstellungen oder Sinnenthaltungen, Geheimnisse oder nur Rätsel, wie man will. Ist unser Gedicht ein Kunstwerk oder nur ein Kunststück? Die Antwort hängt weitgehend davon ab, ob Wort- und Lautstrukturen uns als sinngebend, als sinnersetzend einleuchten.

Erich Fried

Zu Holze

Zu viele Worte
In Einfalt oder durch Zufall
kommt einer bald zu Fall
oder geht den Holzweg
von Schöpfung und Geburt
zur erschöpften Gebärde
von den Faltern der Kindheit zu Falten
der alten Erde und der alternden Stirne

Und Sterne fallen
in kalten Nächten
und vernichten die Knechte
ihrer Verheißung
Der glückliche Gedanke
gleißt und entschwindet
entgleist und schwindet
Wohin

Schwindelig steh ich
mein Wunsch geht nicht in Erfüllung
mein Gefühl verliert sich ins Leere
mein Stern bleibt nicht stehen
O Leitstern Leidstern
der glückliche Gedanke
fällt wo er will
fehlt wo er will

Mein Händefalten
hat mich der Nacht befohlen
den unbedachten Gedanken
erreicht kein Befehl
der Gedanke der reiche Einfall
fällt wo er will
ein Anfall oder ein Abfall
wovon wohin

Seine Weisheit
ist nicht zu beweisen
seine Dichtung verdünnt der Verdacht
seine Wahrheit bleibt Sage
knochig und ledern
verrenkt an Haupt und Gliedern
ins Blut gefallen
und keines Zauberspruchs Füllen

Merseburger Entzauberung

Vom Mangel an Selbstvertrauen spricht unser Gedicht, vom Holzweg des Lebens, von unerfüllten Versprechen, von Gedanken, die sich nicht bewähren, von Sternen der Verheißung, die die Gläubigen vernichten. Die Worte schwimmen wie im Traum weg von ihren ursprünglichen Zusammenhängen: Aus »Schöpfung« wird »erschöpft«, aus den Faltern, also den Schmetterlingen, der Kindheit werden die Falten des Alters, die sich an das fromme Händefalten der dritten Strophe, das in die Nacht und nicht zur Verheißung führt, anschließen. Was gleißt, entgleist, der Leitstern ist dem Leidstern verwandt. Aus »fallen« wird »fehlen«; der Einfall, das heißt der Gedanke, ist auch ein Anfall, wie von einer Krankheit, oder auch ein Abfall, wie Müll. Und Dichtung hat mit Dichte zu tun, wird aber verdünnt, wo Verdacht besteht, wo man ihr nicht mehr glaubt.

Doch einmal war Dichtung glaubwürdig, nämlich als man Zaubersprüchen noch die Macht zu heilen zutraute. Der Titel ist Stichwort. »Zu Holze«, oder genauer: *zi holza*, ritten vor mehr als tausend Jahren zwei Gottheiten im ersten Vers des zweiten Merseburger Zauberspruchs. Freilich bedeutet dort, sie *vuoren zi holza* einfach, sie ritten in den Wald. Ein Holzweg, also der falsche Weg, wird aus diesem Waldweg erst bei Fried.

Einer der beiden war Wotan, dem es im Spruch durch Beschwörung gelingt, ein verletztes junges Pferd, ein *volon* – Fohlen oder Füllen – zu heilen. Verrenkungen hat's gegeben und Blut ist wohl auch geflossen. Wotan bringt alles in Ordnung in schönem, gleichförmigem Singsang: »Knochen zu Knochen, Blut zu Blut, / Glied zu Gliedern, wie geleimt sollen sie sein.« Einmal vom Gott gesprochen, können auch Menschen diese Worte zur Heilung verwenden, wenn sie sie vorschriftsmäßig wiederholen.

Die kleine Szene und die Formel, mit der sie endet, haben Sinn und Zweck. Darauf spielt Frieds letzte Strophe deutlich an, doch bei ihm verlangt der Zeitgeist nicht zu erbringende Beweise statt einer hübschen Sage (»seine Weisheit, ist nicht zu beweisen«). Die zentrale Funktion des hilfebedürftigen Füllens in der Vorlage übernimmt in Frieds Gedicht der dichterische Gedanke, der »reiche Einfall« der vorletzten Strophe, der zuschanden kommt: eine Abstrahierung, deren konkrete Abstammung von jenem althochdeutschen Pferd in der letzten Zeile unumwunden ausgesprochen wird. Was stürzt und sich verrenkt, erholt sich bei uns nicht durch heiliges Reden, die Verletzungen und das Blut bleiben.

Der Dichter des zwanzigsten Jahrhunderts, der hier den Bogen zu den Anfängen der deutschen Literatur schlägt, den alten Zauberspruch entkräftet und ihm gerade dadurch erneute Aussagefähigkeit verleiht, ist für seine Wortspiele, seine richtigen und falschen Etymologien berühmt. Fried war ein Jongleur der Sprache, einer, dem jedes Wort ein anderes suggerierte, ob's nun wirklich verwandt war oder nur so klang, als sei's; einer, dem überraschende Wendungen gelangen, mit denen er die erlebte Welt beleuchten oder auch ein schräges Licht auf sie werfen wollte. Ein engagierter Dichter, der sicher selbst gerne mit seinen Worten Pferde geheilt, sprich, die Welt verändert hätte.

Kein Wunder, daß ihm sein Gedicht »knochig und ledern« (wie ein kranker oder toter Gaul) vorkommt, und er mit Neid und Trauer auf Verse zurückschaut, die die unerschütterliche Überzeugung ihrer Wirkung in sich tragen. Denn die Frage, die hier gestellt wird, ist doch wohl die ewig wiederholte, nie schlüssig beantwortete, ob Dichten und Denken Veränderungen in der Wirklichkeit zur Folge haben. Das Gedicht sagt nein, weist aber mit dem Finger auf ein anderes, das in grauer Urzeit ja sagte.

Tragen solche intertextuelle Bezüge zu unserem Lesevergnügen bei? Man kann einwenden, daß ein Gedicht, das am Kleiderhaken eines anderen aufgehängt wird, nur die relativ geringe Zahl der Leser erreicht, die sich an die Folie erinnert oder daran erinnert wird (von der Frankfurter Anthologie, zum Beispiel). Aber ist das elitäre Verfahren, sobald man es erkennt, nicht gerechtfertigt durch seine doppelte Perspektive, um nicht zu sagen Doppelbödigkeit, hier veranschaulicht als heidnische Magie und moderner Zweifel, durch die Rückschau in ein vertrauensseliges Gestern aus einem nüchternen Heute?

Ingeborg Bachmann

Was wahr ist

Was wahr ist, streut nicht Sand in deine Augen,
was wahr ist, bitten Schlaf und Tod dir ab
als eingefleischt, von jedem Schmerz beraten,
was wahr ist, rückt den Stein von deinem Grab.

Was wahr ist, so entsunken, so verwaschen
in Keim und Blatt, im faulen Zungenbett
ein Jahr und noch ein Jahr und alle Jahre –
was wahr ist, schafft nicht Zeit, es macht sie wett.

Was wahr ist, zieht der Erde einen Scheitel,
kämmt Traum und Kranz und die Bestellung aus,
es schwillt sein Kamm und voll gerauften Früchten
schlägt es in dich und trinkt dich gänzlich aus.

Was wahr ist, unterbleibt nicht bis zum Raubzug,
bei dem es dir vielleicht ums Ganze geht.
Du bist sein Raub beim Aufbruch deiner Wunden;
nichts überfällt dich, was dich nicht verrät.

Es kommt der Mond mit den vergällten Krügen.
So trink dein Maß. Es sinkt die bittre Nacht.
Der Abschaum flockt den Tauben ins Gefieder,
wird nicht ein Zweig in Sicherheit gebracht.

Du haftest in der Welt, beschwert von Ketten,
doch treibt, was wahr ist, Sprünge in die Wand.
Du wachst und siehst im Dunkeln nach dem Rechten,
dem unbekannten Ausgang zugewandt.

Der unbekannte Ausgang

Wohl der bekannteste Satz von Ingeborg Bachmann lautet: »Die Wahrheit ist dem Menschen zumutbar«. Unser Gedicht fordert die Wahrheit, wenn auch mit der grundlegenden Abwandlung von der Abstraktion »Wahrheit« zu dem Seienden, »was wahr ist«. Doch das Gedicht sagt uns nicht, woraus das Wahre denn besteht, ob Vision, Ideal oder die schlichte Wirklichkeit. Wir erfahren nur, wie es sich offenbart, beziehungsweise was es unterläßt. Es treibt Sprünge in die Wand des Gefängnisses Welt, es streut dir keinen Sand in die Augen. Nach dieser anscheinend klaren Aussage liefert uns der Text jedoch rätselhafte Bilder und geht sprungartig von einem zum anderen über, wobei hier und da ein Lichtblick etwas zu verdeutlichen scheint, der nächste Vers das Halbverstandene aber wieder verwischt.

Einigermaßen deutlich sind zunächst die biblischen Anspielungen. Im vierten Vers ist die Wahrheit wie ein Engel der Auferstehung, der den Stein vom Grabe des in Schlaf und Tod befangenen Menschen rückt. In der fünften Strophe erinnern die Tauben, die einen Zweig in Sicherheit bringen sollen, an Noahs Taube, die Kundschafterin am Ende der Sintflut, wobei »der Abschaum« aus den Wellen der rückgehenden Flut stammen könnte. Das aber höchstens als Doppelbedeutung, denn die vorhergehenden »vergällten Krüge« lassen eher auf Bierschaum schließen. Ebenso willkürlich oder wortspielerisch zweideutig ist das Wort »Kamm« in der dritten Strophe. »Was wahr ist«, kämmt die Erde und rauft ihr dabei die »Haare« aus. Doch als »geschwollener Kamm« wird daraus eher der Kamm eines aggressiv erregten Hahns.

Dann wäre »was wahr ist« ein Vogel, dessen Schnabel in den Menschen »schlägt« (Vers 12). Wahr ist, was dich überfällt, in dich einschlägt, dich verrät (also dich verändert?).

Ähnlich passiv erscheint der Mensch in der folgenden vierten Strophe, wo er der »Raub« des Wahren wird. Das Bild vom ausgetrunkenen Menschen (Strophe 3) erinnert an Verse von Bachmanns Freund Paul Celan: »An den langen Tischen der Zeit / Zechen die Krüge Gottes. / Sie trinken die Augen der Sehenden leer und die Augen der Blinden. / [...] / sie führen das Leere zum Mund wie das Volle / und schäumen nicht über wie du oder ich.« Beide Gedichtstellen beunruhigen durch diese angedrohte Passivität.

Im »faulen Zungenbett« der zweiten Strophe wohnt vermutlich eine Sprach- und Denkfaulheit, die an Lüge grenzt und vor sich hin vegetiert (»Ein Jahr und noch ein Jahr«), während die Wahrheit die Vergänglichkeit besiegt, die Zeit »wettmacht«. Die letzte Strophe mit ihrer scheinbaren Sicherheit, die uns einen Ausweg aus dem Gefängnis verspricht, erinnert an Platons Höhlengleichnis, in dem die Menschen Schatten und Schemen für die Wirklichkeit halten, während das wahre Leben draußen im Sonnenschein stattfindet. Hier wird dem Menschen, der »nach dem Rechten« sehen soll, wieder eine aktive Rolle zugestanden.

Ein Freund sagt mir: »Ich mag keine Gedichte, die mich an der Nase herumführen.« Tatsächlich scheint die Dichterin es darauf angelegt zu haben, uns zu verunsichern, und reizt uns mit Vorbedacht zum Herumrätseln. Der Sprachduktus tendiert zur Unwiderlegbarkeit, doch die Einzelheiten widerstehen der Deutung. In dieser Gegensätzlichkeit ist, meine ich, die Substanz des

Gedichts enthalten. Die einprägsamen Bilder sind obskur in einem Zusammenhang, der uns mit der Hoffnung auf Eindeutigkeit ködert.

Es gibt Gedichte, die nicht entschlüsselt sein wollen, die zwar einen Gedankengang andeuten, ihn aber mit Vorbedacht nicht fortsetzen, sondern den Leser in einem Zustand der unerfüllten Erwartung belassen. Wenn Anfang und Ende uns auf ein didaktisches Gedicht vorbereiteten, so ist die rätselhafte Mitte eher prophetisch. Das Problem wird nicht gelöst, es wird uns nur noch einmal ans Herz gelegt.

»Es steht geschrieben« und »es ist uns gesagt« – doch die verschlüsselten Heilsverheißungen bleiben unerforschlich.

Sarah Kirsch

Die Verdammung

Weil ihm zu sterben verwehrt war
Angekettet an den heimischen Felsen der Blick
Auf die ziehenden Wolken gerichtet und immer
Allein die Bilder im Kopf stimmlos
Vom Rufen Anrufen Verdammen
Das Leben fristen war nicht zu bedenken
Göttliche Hinterlist nährte ihn so gewöhnte
Er sich langsam ins Schicksal nach Jahren
Sah er den Adler gern wenn er nahte und sprach
Stotternd mit ihm bei der Verrichtung

Oder mit entzündeten Augen verrenktem Hals
Weil der Flügelschlag ausblieb die niederen Wälder
Aufschub ihm angedeihn ließen um Tage
Harrte er des einzigen Wesens und glaubte
In der Leere des Winds der glühenden Sonne
Wenn der Fittiche Dunkel fürn Augenblick
Erquickung schenkte geborgen zu sein
Liebte den Folterer dichtete Tugend ihm an

Als die Ketten zerfielen der Gott
Müde geworden an ihn noch zu denken
Der Adler weiterhin flog weil kein
Auftrag ihn innezuhalten erreichte
Gelang es ihm nicht sich erheben den
Furchtbaren Ort für immer verlassen
In alle Ewigkeit hält er am Mittag
Ausschau nach seinem Beschatter.

Prometheus beschattet

Zäh sind die alten Sagen, zum Beispiel die von Prometheus, der den Menschen das Feuer brachte und dafür von den Göttern an den Kaukasus geschmiedet und von einem Adler gefoltert wurde, der seine immer nachwachsende Leber fraß. Im aufgeklärten achtzehnten Jahrhundert liebte der junge Goethe nicht den leidenden, sondern den rebellischen, aktiven Prometheus, der den schöpferischen Geist schlechthin verkörperte und für dessen »heilig glühend Herz« keine anderen Autoritäten als »die allmächtige Zeit / Und das ewige Schicksal« galten. Im neunzehnten Jahrhundert, damals, als man noch Utopien entwarf, feierte Shelley in seinem »Prometheus Unbound« einen erlösten, geläuterten Wohltäter, der ein neues Zeitalter der Humanität heraufbeschwört.

Dagegen war Kafkas Prometheus ein Besiegter und sinnlos Duldender. Nach Kafka »wurde in den Jahrtausenden sein Verrat vergessen, die Götter vergaßen« und »wurden müde, die Adler. Die Wunde schloß sich müde«. Hier knüpft unser Gedicht an, das in der letzten Strophe den müde gewordenen Gott ausdrücklich erwähnt. Doch Sarah Kirsch geht über Kafka hinaus. Sie zeichnet einen willenlosen, innerlich gebrochenen Helden, der die Befreiung nicht übersteht und der »göttlichen Hinterlist« samt seinem Peiniger ausgeliefert bleibt.

Es gibt ein Phänomen, das die Psychologie das »Stockholm-Syndrom« nennt, nach einem Fall, bei dem Verschleppte sich mit ihren Kidnappern identifizierten und deren Partei ergriffen. Unser Gedicht beschäftigt sich mit einer solchen Psychopathologie des vereinnahmten Gefangenen, der sich an das »einzige Wesen«, das mit ihm verkehrt, klammert. Doch ist er kein Durchschnittsmensch, dessen Urteilsfähigkeit sich bis zur Selbstverleugnung vermindert, sondern ein Titan, und das Gedicht ist keine Fallstudie, sondern geht von einer uralten Tradition aus, ist also eine poetische, überdimensionale Gestaltung geistiger Labilität.

Die flüchtig skizzierte Landschaft – heimischer Felsen, ziehende Wolken, niedere Wälder – könnte aus einem ausgewogenen Naturgedicht des Biedermeier stammen, wenn der Wahrnehmende nur keinen verrenkten Hals und entzündete Augen hätte. Sarah Kirschs berühmte Enjambements (man ist versucht, sie »Super-Enjambements« zu nennen), die, zusammen mit fehlenden Satzzeichen, die Leser zwingen, sich in jeder Zeile neu zu orientieren, vermitteln das fließende, nur halbwache Bewußtsein des Gefesselten. Teils sind es Konstruktionen, die sowohl auf den vorhergehenden wie auf den folgenden Satzteil Bezug nehmen, eine gleitende grammatische Technik, *Apokoinu* genannt, die in der mittelalterlichen Dichtung häufig vorkommt und sich, wie man sieht, auch für die Ambivalenzen moderner Lyrik eignet. So kann sich das Wort »stimmlos«, am Ende des vierten Verses, auf die stummen Bilder im Kopf ebenso wie auf den heiseren Protagonisten beziehen; »nach Jahren«, im achten Vers, paßt ebenso auf Prometheus' Gewöhnung ins Schicksal wie auf seine Begrüßung des Adlers.

Der Sonne ausgesetzt, ist ihm dieser Vogel ein Folterknecht und ein Schattenspender, weshalb das Wort »Beschatter« seine zweite Bedeutung als Spitzel, Überwacher, beibehält. Ohne Stilbruch gewinnt das Dargestellte so seinen furchtbaren politischen Sinn: Prometheus

»liebte den Folterer dichtete Tugend ihm an«, gesteigert bis an die Grenze des Erträglichen in dem einseitigen Gespräch zwischen Vollstrecker und Gefoltertem während der Folter: »Sah er den Adler gern wenn er nahte und sprach / Stotternd mit ihm bei der Verrichtung« Das verharmlosende Wort »Verrichtung« für Tortur entlarvt die zynische Sprache der Machthaber.

Wir erkennen diesen Helden, weil er seit ein paar Jahrtausenden von sich reden macht; doch sein beruhigend klassischer Name bleibt im Gedicht ausgespart. So wird er uns zum zeitlosen Zeitgenossen, dem »zu sterben verwehrt war«.

Sarah Kirsch

Fluchtpunkt

Heine ging zu Fuß durchs Gebirge
Er vertrödelte sich in Häusern, auf Plätzen
Und brauchte zwei Wochen für eine Strecke
Die wir in einem Tag durchgefahrn wären
Unsere Reisen führen von einem Land
Gleich in das nächste von Einzelheiten
Können wir uns nicht aufhalten lassen
Uns zwingen die eignen Maschinen
Ohne Verweilen weiterzurasen Expeditionen
Ins Innre der Menschen sind uns versagt
Die Schutthalden Irrgärten schönen Gefilde
Bleiben unerforscht und verborgen
Die Kellner brauchen unsere Zeitung nicht
Ihre Nachrichten sind aus dem Fernsehn
Es gibt verschiedene Autos eine Art Menschen
Alles ist austauschbar wo wir auch sind.

Reisegesellschaft

Die achtziger Jahre haben gerade begonnen, und der internationale Tourismus der Wohlstandsländer fährt auf Hochtouren. Die Deutschen sind bekanntlich die eifrigsten Reisenden der Welt. Sie fahren überall hin, aber wohin fahren sie eigentlich? Die moderne Reisewut nivelliert die Länder, ein Land sieht so aus wie das nächste.

Ein amerikanischer Film jener Zeit hieß: »Da es Dienstag ist, sind wir in Belgien«, eine Satire auf das schnelle Reisen in ein Einerlei, das keine Wahrnehmung von differenzierenden Einzelheiten zuläßt.

Das Gedicht evoziert zu Anfang den Reisenden eines anderen Jahrhunderts, dem die deutsche Literatur ihr bekanntestes und witzigstes Reisebuch, »Die Harzreise«, verdankt. Heine, ein Mensch mit dem einzigen Eigennamen in einem Gedicht, das von der Anonymität der Menschen und Landschaften handelt, nahm sich Zeit im Harz. Mehr: Er »vertrödelte sich« in der Zeit, verschwendete ganze wertvolle zwei Wochen in Häusern und auf Plätzen, die vermutlich nicht als Sehenswürdigkeiten galten. So wird er, ein unverkennbarer, vertrauter Wanderer aus Deutschlands Vergangenheit, im ersten Wort eines Gedichts beschworen, an dessen Ende »alles austauschbar« ist – außer den Beförderungsmitteln, denn die verschiedenen Autos sind auf den Landstraßen leichter zu unterscheiden als die darin sitzenden Fahrer. Heines Name wird mit einer Gegenwart konfrontiert, die an Gleichschaltung leidet, mit einer Gesellschaft, die sich Maschinen leistet, von denen sie sich dann versklaven läßt, indem man darin sitzen bleibt statt auszusteigen.

Reisefreiheit war für die in der DDR aufgewachsene Dichterin sicher nicht so selbstverständlich wie für die Westdeutschen. Die Herkunft aus dem anderen Deutschland ermöglichte es ihr, die Kehrseite dieser drüben so ersehnten »Freiheit« mit verfremdetem Blick wahrzunehmen: nämlich die Beliebigkeit, ja Willkürlichkeit der Aufenthalte in einem Ausland, für dessen Verständnis einem die Reise»maschinen« keine Zeit lassen. Es dürfte kein Zufall sein, daß Heines nostalgisch heraufbeschworene Harzreise an einem Ort stattfand, den man 1982 nicht einfach durchwandern konnte wie im neunzehnten Jahrhundert, denn der Harz war ja ein Grenzgebiet.

Wo gehen wir hin, wo kommen wir her? Sind das noch Fragen, die wir uns stellen, wenn wir aufhören zu Fuß zu gehen und unsere Wißbegierde vom maschinell gesteuerten Verkehr befriedigen lassen? Auch als Botschafter unserer Länder sind wir überflüssig. Denn die Leute, denen wir im Ausland begegnen – vor allem Kellner, die trifft man auf jeden Fall – sind auf unsere Zeitungen nicht angewiesen. Schriftliches ist nicht gefragt, das Fernsehen genügt. Einen Fluchtpunkt, also einen Punkt, an dem sich, wie es im Wörterbuch heißt und in der Wirklichkeit nicht passiert, alle parallelen, geraden, in eine Richtung verlaufenden Linien zu vereinigen scheinen, gibt es in der Geographie dieser Gegenwart nicht, wo alles ins Ungefähre verrinnt. Doch in der DDR gab es so was sehr wohl, wenn auch nur in der imaginierten Zukunft, nämlich als Verwirklichung des realen Sozialismus.

Doch die Kritik in diesem Mahngedicht ist kulturpolitisch und wendet sich gegen die Exzesse des Wirtschaftswunders. Insofern gibt es hier doch einen Fluchtpunkt, den einer moralischen Forderung hinzuschauen, aufs

Schlimme wie aufs Feine, auf die Schutthalden sowie auf die schönen Gefilde – Zeit »vertrödeln«, das Innere der Länder wie der Leute nicht vernachlässigen, Einzelmensch sein wie Heine im Harz, nicht austauschbar sein wie die Passagiere in den Flugzeugen und wie die Fahrer auf der Autobahn.

Robert Gernhardt

Couplet von der Erblast

»Die Kirche muß endlich jene frauenfeindlichen Erblasten aufarbeiten, die durch spätantike Männerkreise in die ursprünglich frauenfreundliche Botschaft Jesu hineingetragen worden sind.« Aus einer Sendung des Kirchenfunks

Spätantike Männerkreise
Haben Jesu Wort verbogen
Haben seine frohe Botschaft
Korrumpiert und umgelogen
Korrigierten Evangelien
Kujonierten die Gemeinden
Überließen Führungsposten
Unverstellten Frauenfeinden
Herr, wer ritt uns in die Scheiße?
Spätantike Männerkreise!

Spätantike Männerkreise
Eure Stunde hat geschlagen
In der Kirche haben Chauvis
Gottseidank nichts mehr zu sagen
Mußte in der Spätantike
Alles um euch Männer kreisen
Wirft man eure Erblast heute
Hohnlachend zum alten Eisen
Und wer spuckt euch in die Suppen?
Postmoderne Frauengruppen!

Spätantik und Postmodern

Robert Gernhardts Leser wissen, wie verankert er im dichterischen und künstlerischen Erbe ist. Was er von der Postmoderne hält, hat er zum Beispiel in dem Gedicht *Heia Safari* kundgetan, wo er dem postmodernen Künstler spurlose Auslöschung prophezeit. Auch wird man von ihm kein feministisches Gedicht erwarten, und man kriegt auch keines. Die Forderung, uralte theologische Traditionen über den Haufen zu werfen, wie sie in dem einführenden Zitat aus einer evangelischen Radiosendung zu Worte kommt, reizt seine Spottlust. So viel ist klar. Aber macht ihn das zu einem Feind der Reform oder der Frauen? Er legt ja auch kein gutes Wort für die Männer ein. Also, was wird hier verspottet?

Es gibt ein langes Gedicht von Heinrich Heine über eine Disputation zwischen einem Mönch und einem Rabbiner im Spanien der Gegenreformation, die entscheiden soll, welcher dieser beiden Fanatiker die wahre Religion vertritt. Nach stundenlanger Rede und Gegenrede mit Argumenten von eskalierender Absurdität, findet eine anwesende adelige Dame, daß die zwei schwitzenden und ungewaschenen Disputanten ihren Geruchssinn beleidigen (»daß sie alle beide stinken« lautet ihr und des Gedichtes lapidares Verdikt im letzten Vers). Auch Gernhardt geht es nicht um die Substanz, sondern um die Sprache, in der die Substanz abgehandelt wird und, wie bei Heine, um die Vorstellung von zwei feindlichen Gruppierungen, hier verschiedenen Geschlechts, im Kampf zu Ehren Gottes. All das erregt des Dichters Heiterkeit. Aufs Rechthaben läßt er sich nicht ein.

Das Thema wird von Seiten der Klägerinnen angepackt, der Dichter präsentiert ihre Sicht der Dinge, wenn auch mit hinterlistiger Ironie. In der ersten Strophe bekommen wir die Klage über die ungerechte Behandlung der Frauen in der Geschichte des Christentums zu hören, in der zweiten Strophe haben die Herren abgewirtschaftet und ein neues Zeitalter bricht an, das dem Worte Jesu getreuer sein wird.

Die Parteien wie die zwei Strophen wiegen einander sprachlich auf. »Spätantike Männerkreise« wird durch die Wortbildung »postmoderne Frauengruppen« lächerlich. »In die Scheiße reiten« (das, was die Männer einst den Frauen antaten) und »in die Suppen spucken« (das, was die Frauen jetzt den Männern antun) sind ziemlich auf derselben Tonhöhe von ausgeglichener Schnoddrigkeit angesiedelt. Keiner der beiden Ausdrücke ist auch nur annähernd geeignet für den theologischen Diskurs. Das gleiche gilt für das Verb »kujonieren« und das Substantiv »Chauvi«. Sie alle gehören in einen jüngeren, pietätloseren Sprachschatz als das ehrwürdig philosophische Vokabular der Kirche. Der Witz des Gedichts nährt sich von der niedrigeren Sprachebene, auf die das Problem abgeschoben wird.

Es gibt sicher Menschen auf beiden Seiten, die nicht wünschen, daß man sich über so ernste Dinge lustig macht. Feministinnen (wie mir) sind die »postmodernen Frauengruppen« in der Kirche vermutlich sympathischer, als sie es dem Dichter Gernhardt sind, und wir wünschen ihnen Erfolg. Aber die Fähigkeit mit Ideen und Überzeugungen zu spielen, rückt diese in ein schärferes Licht, gibt ihnen eine Distanz, die sie für unsere vom Eifer geschwächten Augen erkennbarer macht und erlaubt uns Atem zu schöpfen, bevor wir uns zur nächsten Runde mit dem Gegner aufraffen. Nicht umsonst sprechen wir abwertend vom »tierischen Ernst«, denn nur wir Menschen können lachen. Die echten Kontroversen werden in und durch humoristische Verse nicht abgeschafft oder aufgehoben, noch redet der Dichter uns ein, es gäbe sie nicht oder sucht uns zu überreden, sie zu verdrängen. Er warnt nur: »Hütet euch vor zu viel Aufregung, schont euren Blutdruck.« »Locker abtropfen lassen«, meint der Humorist. »Wählt die Wörter mit Bedacht«, mahnt der Hellhörige. »Lest weniger Traktate und mehr Gedichte«, rät die Frankfurter Anthologie.

Robert Schindel

Nullsucht 15 (Stürzen die Wolken)

Stürzen die Wolken auf einen ein
Bläst dir ins Gesicht der Sturm aus Geschrei
Aus Gewimmer aus der allernächtlichen Pein
Kommen aus dem Schutt Gestalten und sind dabei

Falls es gilt aufzuessen das Antlitz
Falls es nützt zu nehmen den Blick
Umwunden aus der Gegend das Menschengepfütz
Ausgesprochen federn die Wörter zurück

Tod dem Schönen Tod dem Erhabnen
Es lebe der Schatten der Begrabnen
Er führt uns in die Tränenschlucht

Dort tummeln sich die Schuldbeladnen
Und jeder den Täter im Andern sucht
Einander im Blick und auf der Flucht

Gespenstersonett

Dieses Gedicht trifft mich in die Magengrube. Oder ins Zwerchfell, jedenfalls dort, wo's einem den Atem verschlägt. Und zwar bevor ich mir im klaren darüber bin, was da eigentlich ausgesagt wird. Ein Albtraumgedicht, in dem's irrlichtert.

Robert Schindel hat oft und öffentlich über seine Familiengeschichte und die resultierenden Lebensängste (wie auch Lebenslust) gesprochen und geschrieben: der Vater von den Nazis ermordet, der Säugling von der Mutter, vor ihrem Abtransport nach Auschwitz, in Sicherheit gebracht und nach dem Krieg von der Überlebenden gefunden; erzogen im Land der Täter, in einem Wien, das ungute Heimat ist und dessen Schuldkomplexen und Verdrängungen der Dichter in seinem Roman »Gebürtig« nachgespürt hat. Heimgesucht von der Vergangenheit, handeln seine Gedichte oft von Liebesnächten, auf die Albträume folgen, die einen so sinnlich wie die anderen.

Wie der Geschichte Österreichs, so ist er auch Österreichs poetischer Tradition verpflichtet. Ein Sonett hat festen Regeln zu folgen, denen sich Schindel nur unterwirft, um sie gleich durch Unregelmäßigkeiten zu sprengen. Auch Rilke und Hofmannsthal haben sich das Sonett für ihre Zwecke zurechtgebogen, doch bei Schindel dient die Sonettform, die doch auf strenge Ordnung angelegt ist, dazu, das Chaos selbst, das nackte Grauen, ins Bewußtsein zu rufen.

Angst wird durch zusätzliche Silben, die das Versmaß ändern (zum Beispiel in Vers 4), simuliert. Das schöne, altmodische Wort »Antlitz« reimt (natürlich unrein) auf

»Gepfütz«. Die Toten, aus dem Schutt kommend, sind Menschenfresser. Der Titel ist eine willkürliche Zahl hinter dem Wort Nullsucht, der Sog des Nichts. *Vor* »Nullsucht 15« gibt's im selben Band eine Nullsucht 17, *nachher* kommt eine Nullsucht 16, und dazwischen stehen eine Menge anderer Gedichte. Keine Rede von einem ordentlichen Nacheinander. Bei Rilke heißt es einmal über den »Nachtwächter Wahnsinn«: »einen Namen sucht er für die Nacht / und nennt sie: sieben, achtundzwanzig, zehn.« Die Tränenschlucht ist Ort der Toten, denen mit dem Schönen und Erhabenen, das ja tröstlich wäre, nicht beizukommen ist, aber auch der Ort der träumenden Lebenden, also ein Niemandsland, wo die beiden sich begegnen.

Selbstverständlich assoziiere ich hier Massenmord im zwanzigsten Jahrhundert. Aber nicht nur. Wenn ich lese: »Ausgesprochen federn die Worte zurück«, so fällt mir die nachhaltigste Identifikationsfigur der Moderne ein, der mord- und selbstmordbesessene Hamlet, der alles Geplapper durchschaut und es wie Feder- oder Tennisbälle zurückspielt und verdreht und es dadurch entlarvt als falsch, unehrlich; Hamlet, der immer nur an den Tod denkt, im Selbstgespräch, aber auch bei Freund, Mutter und Geliebter, in Versen, die zum europäischen Gemeingut geworden sind. Besessen vom Gespenst des Vaters, geistert auch er, der über schlechte Träume klagt, unter Schindels Spukgestalten, wie sie mit einer Last von Schuld aus dem Nichts steigen. Der Sprecher der letzten sechs Zeilen, mit seiner Herausforderung an den Tod, erinnert mich an den Prinzen, der sich am Grab der Ophelia mit deren Bruder Laertes eine Rauf- und Schmähpartie liefert. Denn auch Hamlet verhöhnt den schönen oder erhabenen Tod, den Laertes mit geschmeidigen Worten noch zu feiern sucht. Und auch Hamlet ist ein Schuldiger, der mehrere Menschen, darunter Ophelias Vater, getötet hat. Heimgesucht von Schuld sind alle, darum schieben sie die Schuld auf die anderen: »Jeder den Täter im Andern sucht.«

Dieser Sprung vom frühen 21. zum frühen 17. Jahrhundert mag als Hinweis auf die Allgemeingültigkeit und -anwendbarkeit von Versen dienen, die man nicht auf die persönliche Erfahrung des Dichters und nicht einmal auf die europäische »jüngste Vergangenheit« beschränken sollte. Das Gedicht zielt auf die Stelle im Leser, die Emily Dickinson, die große amerikanische Dichterin des 19. Jahrhunderts, »zero at the bone«, den Nullpunkt im Knochenmark, nannte.

II

Mein Schiller

In der eher ärmlichen Wohnung meiner Großmutter in der Czerningasse in der Leopoldstadt gab es eine Schiller-Ausgabe großen Formats, eine Prachtausgabe. Sie war schwer zu halten für mich, die eben erst lesen gelernt hatte, und ich behandelte sie mit Ehrfurcht, stolz darauf, daß ich sie mir anschauen durfte. Sie hatte ganzseitige Illustrationen, von denen mir vor allem »Der Alpenjäger« imponierte. Das Bild zeigte einen bärtigen Riesen mit kraftstrotzenden Waden, eine Art Rübezahl oder Alpenkönig, der den jungen Jäger einschüchtert, welcher im Begriff war, »die zitternde Gazelle« mit Pfeil und Bogen zu erlegen, die ihrerseits eingeschüchtert daneben steht. Das dürfte wohl das erste Schillergedicht gewesen sein, das ich kennenlernte. Abgesehen von dem geflügelten Wort: »Raum für alle hat die Erde«, gehört das Gedicht wohl nicht zu den bekannteren. Doch es war leicht zu verstehen, und man stimmte ihm gern zu: es ging um Tierschutz. Die verkörperte Natur wehrte sich darin gegen die Raub- und Mordsucht des Menschen. Ein ausgesprochen grünes Gedicht, könnte man heute behaupten, doch in einer Wahlkampagne wäre damit nicht viel anzufangen, denn leider fängt es mit den unmöglichen Versen an: »Willst du nicht das Lämmlein hüten? / Lämmlein ist so fromm und sanft.«

Schiller als Balladendichter, das war der Anfang meiner literarischen Bildung. In der Schule habe ich ihn nicht vorgesetzt bekommen, denn ich ging als Wiener Judenkind, Jahrgang 1931, nicht lange genug in die Schule. Ausflüge machen und im Park spielen durfte man auch nicht mehr, und zu Hause gab es nichts zu tun, als Bücher zu lesen und Gedichte auswendig zu lernen. Und Gedichte waren vor allem von Schiller.

Der Schiller, der mich heute noch beschäftigt und fasziniert, ist der große Theoretiker und Verfasser ästhetischer Schriften; und in gewissen Grenzen auch der Dramatiker, dank der künstlerischen Intelligenz, mit der seine Stücke aufgebaut und durchdacht sind. Aber nie und nimmer der Lyriker und am wenigsten der Verfasser von Balladen. Gewiß, hie und da gibt es Verse, die Durchschlagskraft aufweisen, aber sie gehen gleich wieder im Pathos unter. Er hatte, was man im Englischen ein Blechohr (»a tin ear«) nennt für die Sprache der Lyrik. Auf ihn trifft zu, was Aldous Huxley über Edgar Allan Poes Gedichte sagte, nämlich daß der Dichter sich mehrere Ringe an jeden Finger steckt und diesen Aufwand mit gutem Geschmack verwechselt. Vielleicht konnte der Schwabe in ihm Hochdeutsch und Pathos nicht unterscheiden. Heute weiß ich, daß die Balladen ein Nebenwerk für Schiller waren, daß er sie schnell und innerhalb einer kurzen Zeitspanne geschrieben hat und sie nicht für übermäßig wichtig hielt. Das erklärt wahrscheinlich auch die holprigen und manchmal geradezu lächerlich unschönen Verse wie die folgenden aus der »Bürgschaft«: »Ich lasse den Freund dir als Bürgen, / Ihn magst du, entrinn' ich, erwürgen.« Das sind Verse, die sein begabterer Kollege Goethe auch in der Eile so nicht geschrieben hätte.

Daß ich mich einmal für diese Gedichte begeistert habe und ihnen dann langsam und traurig, aber mit großer Bestimmtheit entwachsen bin und sie dennoch bis ans Grab im Kopf herumtragen werde, ist mehr als nur eine persönliche Kuriosität, denn es ist Generationen von Schülern und Schülerinnen ähnlich ergangen. Diese behaupteten zwar oft, daß nur die Schule sie dazu gebracht hätte, sich mit Schillers Gedichten abzugeben, aber mein Fall ist ja das Gegenbeispiel, denn ich las sie freiwillig und zu Hause: es ist (oder war) etwas an diesen Versen, das es leicht machte, sich ihnen anzuvertrauen. Warum standen sie überhaupt auf dem Lehrplan? Viele sind moralisch anfechtbar und daher gar nicht so geeignet für den Schulunterricht. Im »Kampf mit dem Drachen« sind die Haupttugenden Demut und absoluter Gehorsam. Wie bringt der Herr Lehrer das auf einen Nenner mit dem freiheitsliebenden Verfasser der »Räuber« oder auch des viel späteren »Wilhelm Tell«? Am Ende der »Bürgschaft« fragt man sich, warum dem Revolutionär und seinem Freund, die der Tyrann beide, einen nach dem anderen, hinrichten wollte, etwas an der Freundschaft eben dieses Tyrannen liegen kann. Am Ende vom »Ring des Polykrates« verläßt ein Mann seinen Freund, weil diesem Unheil droht, und zwar in solch überstürzter Eile, daß die Verse der letzten Strophe fast zu einer Parodie des geflügelten Wortes geworden sind: »›Mein Freund kannst du nicht weiter sein. / Die Götter wollen dein Verderben; / Fort eil' ich, nicht mit dir zu sterben.‹ / Und sprach's und schiffte schnell sich ein.« Also das genaue Gegenteil des treuen Freundes in der »Bürgschaft«, doch das Gedicht hat keineswegs Treulosigkeit zum Thema, sondern die Unerbittlichkeit des Schicksals. Am ärgsten geht es zu in der Eifersuchtsballade »Der Gang nach dem Eisenhammer«, aus der die unverzeihlichen Verse stammen: »›Wer hebt das Aug' zu Kunigonden?‹ – / ›Nun ja, ich spreche von dem Blonden.‹« In diesem Gedicht stiftet ein Graf zwei seiner Knechte zum Mord an einem unschuldig Verdächtigten an. Der Mann, der dann tatsächlich ermordet wird, ist nicht derjenige, der gemeint war, sondern der Unsympath und Neidhammel, der ihn verleumdet hat. Weder die ausführenden Knechte noch der Graf, der ja ein hinterhältiger Anstifter des Verbrechens war, werden vom Dichter zur Rechenschaft gezogen, und der Graf verkündet am Ende, ein Gottesurteil habe stattgefunden, als sei er, trotz seiner gemeingefährlichen Willkür, dazu befugt, über Recht und Unrecht zu urteilen. Othello mit Happy-End.

Und so weiter. Zwar erwischt's die Bösen (vielmehr die »Bösewichter«, wie Schiller sie nennt) am Ende der »Kraniche des Ibykus«, aber sogar hier könnte die Moral genau so gut lauten: Man soll nicht ins Theater gehen, nachdem man einen Mord verübt hat, denn man trifft dort zu viele Leute. Und warum soll einer gleich Kaiser werden, nur weil er einmal der Kirche ein Pferd geschenkt hat, wie in »Der Graf von Habsburg«? Aus Schillers Balladen lassen sich keine konsequenten Tugendlehren ableiten, und man kann sogar zu recht fragwürdigen Schlüssen kommen, wenn man sie strikt auf ihren moralischen Gehalt abklopft. Wenn sie trotzdem auf eine 200jährige Erfolgskarriere zurückblicken können, so mag das daran liegen, daß weder Kinder noch Erwachsene unbedingt auf Moral versessen sind, wenn sie sich der Belletristik widmen. Gerade in einem bürgerlichen Zeitalter, als viel moralisiert wurde, mag es erleichternd gewirkt haben, wenn man nicht immer mit der Nase auf ein ethisches Klischee gestoßen wurde. Es ist ja wohl kein Zufall, daß die witzig-sadistischen Geschichten eines Wilhelm Busch (man denke nur an das Ende der Titelhelden von »Max und Moritz«!) im tiefsten Biedermeier florierten. Bei Busch wie bei jeder Schillerballade ist der Schluß jedenfalls bündig, da ist kein loses Ende, keine Zweideutigkeit. Und darauf kommt es wohl mehr an als darauf, ob diese Eindeutigkeit einem ernsthafteren Nachdenken standhält.

Wenn mich die Erinnerung nicht trügt, so fand ich die Erzählungen in diesen Balladen spannend, und die gebundene Sprache, in der sie erzählt waren, war so leicht zu schlucken wie Schlagobers, wenn man sich erst einmal mit dem teils unbekannten Wortschatz vertraut gemacht hatte. Daß man sie sich merken und dann wörtlich aufsagen konnte, entzückte mich. Das war der große Vorteil, den die gebundene Sprache gegenüber der Prosa besaß.

Und ich sagte sie unentwegt auf. Selbst auf der Straße murmelte ich sie vor mich hin, sehr zum Ärger meiner Verwandten, die das für unmanierlich hielten. Doch war es eine Art, sich von der immer bedrückender werdenden Umwelt zu distanzieren. Und dann kam das Jahr 1944/45, das ich als 12- und 13jährige teils in Auschwitz, teils in einem Außenlager des KZs Groß-Rosen verbrachte, wo ich nichts zum Lesen, aber immer noch die Gedichte im Kopf hatte.

An sich war es nicht ungewöhnlich, sich im Lager an Gedichte zu klammern. Viele KZ-Insassen haben Trost in den Versen gefunden, die sie auswendig wußten. Man fragt sich, worin denn das Tröstliche an so einem Aufsagen von Gereimtem eigentlich besteht. Meistens werden Gedichte mit religiösem oder weltanschaulichem Inhalt erwähnt oder solche, die einen besonderen emotionalen Stellenwert in der Kindheit des erwachsenen Gefangenen hatten. Mir scheint indessen, daß der Inhalt der Verse erst in zweiter Linie von Bedeutung war und daß uns in erster Linie die Form selbst, die gebundene Sprache, eine Stütze gab. Oder vielleicht ist auch diese schlichte Deutung schon zu hoch gegriffen, und man sollte zuallererst feststellen, daß Verse, indem sie die Zeit einteilen, im wörtlichen Sinne ein Zeitvertreib sind. Ist die Zeit schlimm, dann kann man nichts Besseres mit ihr tun, als sie zu vertreiben, und jedes Gedicht wird zum Zauberspruch. Denn dem Inhalt nach war nicht viel in den Schillerschen Balladen, das mich die Angst und den Durst bei den endlosen Appellen in Auschwitz hätte vergessen lassen. Was hatte der »Ritter Toggenburg« mir zu bieten, außer daß er in einer völlig anderen Welt als der meinen spielte: »Schickt zu seinen Mannen allen / In dem Lande Schweiz, / Nach dem heil'gen Grab zu wallen, / Auf der Brust das Kreuz.« In gewissen Lagen, wo es nur darum geht, etwas durchzustehen, sind weniger tiefsinnige Verse vielleicht noch geeigneter als solche, die einen überwältigen, die sozusagen das Dach überm Haus sprengen. Übrigens gab es schon vorher im normalen Leben Situationen, zum Beispiel beim Zahnarzt, wo ich die Zeit nicht genießen konnte, sondern sie vertreiben mußte, etwa mit Hilfe von Schillers »Die Kraniche des Ibykus«. So wurden die Schillerschen Balladen meine Appellgedichte, mit denen ich stundenlang in der Sonne stehen konnte, weil es immer eine nächste Zeile zum Aufsagen gab, und wenn einem eine Zeile nicht einfiel, so konnte man darüber nachgrübeln, bevor man an die eigene Schwäche dachte. Dann war der Appell womöglich vorbei, und die Grammophonplatte im Kopf konnte abgestellt werden, etwa an der Stelle: »Nur ewigen und ernsten Dingen / Sei ihr metallner Mund geweiht.« Man konnte sich trollen und Wasser trinken gehen. Bis zum nächsten Appell.

Einem Korpus von Gedichten, das einem einmal eine derartige Stütze gewesen ist, bleibt man verpflichtet wie einem Menschen, der sich in Gefahr bewährt hat. Man mag später in der Sicherheit eines ruhigeren Lebens an einem solchen Menschen viel auszusetzen haben, doch die ursprüngliche Verbundenheit bleibt bestehen. Für das kindliche Empfinden, das unter dem kritischen Verstand noch immer auf seinem Recht beharrt, sind diese Gedichte unter meinen liebsten Jugenderfahrungen, doch selbst wenn ich wollte, könnte ich sie nicht aus meinem geistigen Haushalt verbannen, wo sie seit mehr als einem halben Jahrhundert wie ein Familienschatz in der Truhe liegen, stets abrufbar, wenn auch mit zunehmendem Alter immer weniger abgerufen. Durch sie bin ich zu einer leidenschaftlichen, lebenslangen Leserin von Lyrik geworden, so wie viele Jungen und auch manche Mädchen durch Karl Mays dicke Schmöker zu lebenslangen und geübten Lesern viel anspruchsvollerer Romane wurden. Mehrmals habe ich einen Anlauf genommen, meine Vorliebe zu rechtfertigen, Schillers Gedichten einen höheren Stellenwert zukommen zu lassen und für Studenten und Kollegen ihre ästhetischen Schönheiten herauszustreichen, doch es will nicht gelingen. Zweifelsohne haben diese Gedichte das Sprachgefühl von Generationen beeinflußt, und vielleicht war dieser Einfluß nicht immer zum besten. Trotzdem weigere ich mich zu glauben, daß ich sozusagen auf einen Betrug hereingefallen bin. Denn mir selbst, davon bin ich überzeugt, hätte damals nichts Besseres in die Hände und ins Gedächtnis fallen können als Schillers Balladen: Sie waren brauchbar.

Drei blaue Klaviere

Die verfolgten Dichterinnen Else Lasker-Schüler, Nelly Sachs und Gertrud Kolmar

Es liegt in der Natur der Dinge, daß man über das Verlorene, das Untergegangene nur rätseln kann. Manchmal kommt Strandgut angeschwemmt und gibt uns eine Vorstellung von dem, was hätte sein können, Ansätze von Unwiederbringlichem.

Es ist bekannt, daß in den fünfzig Jahren vor Hitler das deutsch-jüdische Kulturleben aufblühte. Innerhalb dieser Entwicklung werfen Werk und Schicksal unserer drei Dichterinnen ein besonderes Schlaglicht auf das Ende einer Epoche, die ein Anfang hätte werden können. Originelle Dichtwerke von Frauen hatte es bislang im Deutschen nicht gerade in rauhen Mengen gegeben, und hier waren drei, die sich einerseits in den Grenzen, die ihnen als Frauen gesetzt waren, arrangieren mußten und dann noch in einen mörderischen Strudel gerieten, mit dem man sich nicht arrangieren konnte. Ihr Werk besteht – ein glücklicher Zufall – Strandgut – wer weiß, was es sonst noch alles von ihnen und ihresgleichen gegeben hätte.

Sie waren vor allem Deutsche, das heißt, sie kamen aus mehr oder minder assimilierten Familien, und Jüdisches – ob Sitten, Traditionen, Religion – war ihnen keineswegs selbstverständlich. Sie haben es sich als Erwachsene erworben, angelesen, angelernt, wie sie es brauchen konnten oder wie die Umwelt es ihnen aufzwang. Judentum war etwas, womit man sich auseinandersetzen mußte, wenn man so wie diese drei mit deutschem Bildungsgut, doch im antisemitischen Deutschland aufwuchs, es war kein gemachtes Bett, in das man sich legen, keine alten Pantoffel, in die man mit wunden Füßen schlüpfen konnte. Deutsch war primär, jüdisch sekundär.

Von den dreien ist Else Lasker-Schüler die älteste. 1869 in Wuppertal geboren, 1945 noch vor Kriegsende in Jerusalem verstorben, verarmt in einem Exil, mit dem sie sich nie zurechtfand, unbeheimatet in einem Land, wo sie sich trotz angestrengter Versuche, mehr jüdisch als deutsch zu sein, nie akklimatisierte. Die beiden anderen waren fast gleichaltrig. Sachs 1891, Kolmar 1894 geboren, beide Berlinerinnen. Nelly Sachs starb 1970 im schwedischen Exil und litt bis ans Lebensende an Verfolgungswahn, wohl der Preis, den sie für ihr dichterisches Können zahlte. Dabei ist sie, Sachs, der ganz ungewöhnliche Fall einer Dichterin, der das Exil nicht die Rede verschlagen hatte (nur die Umgangssprache hat den richtigen Ausdruck für die Situation, die zu den erwähnten Verlusten führte). Nelly Sachs *lernte* im Exil erst richtig dichten. Und die dritte, Gertrud Kolmar, starb 1943, wahrscheinlich in der Gaskammer. Nur ihre Verschleppung, nicht ihr Tod ist dokumentiert.

Sie waren höhere Töchter, beschützt (oder scheinbar beschützt), gut erzogen (oder scheinbar gut erzogen, denn studieren galt als unweiblich), aber auf jeden Fall gebildet, denn Bildung (vor allem die Kenntnis der Klassiker der Weltliteratur) war ein fanatisches Anliegen der jüdischen Bürger.

Um aus der konservativen Beschränkung auszubrechen, die für Frauen als selbstverständlich galt, bedurfte es besonderer Strategien. Sie prägen denn auch Lasker-Schülers Werk, nämlich als Verkleidungen und Maskierungen. Wenn man durch ihre Briefsammlung blättert, staunt man, wie relativ selten sie ihren bürgerlichen Namen verwendet. Meist unterschreibt sie als Prinz Jussuf von Theben, ihre Lieblingsmaske, oder Tino von Bagdad oder als Indianerhäuptling, blauer Jaguar und so fort.

Dieses Spiel mit der Identität wurde zu ihren Lebzeiten und wird auch jetzt noch oft belächelt, doch in Lasker-Schülers Fall ist es wesentlicher Bestandteil ihrer Dichtung, die ihr aus dem minderwertigen Status der Frau heraushalf. In ihren »Hebräischen Melodien« von 1913 schafft sich Lasker-Schüler eine jüdische Maske in Gedichten, in denen eine seltsame Selbstentfremdung stattfindet. Das heißt, das lyrische Ich sieht sich zwar als Jude oder Jüdin, doch aus einer Entfernung, die die vermeintliche Zugehörigkeit wieder in Frage stellt. Zum Beispiel in dem Gedicht »Mein Volk«:

Der Fels wird morsch,
Dem ich entspringe
Und meine Gotteslieder singe …
Jäh stürz ich vom Weg
Und riesele ganz in mir
Fernab, allein über Klagegestein
Dem Meer zu.

Hab mich so abgeströmt
Von meines Blutes
Mostvergorenheit.
Und immer, immer noch der Widerhall
In mir,
Wenn schauerlich gen Ost
Das morsche Felsgebein,
Mein Volk,
Zu Gott schreit.

Das Problem der Assimilation ist hier umschrieben als »abgeströmt« sein von »meines Blutes Mostvergorenheit«. Auf eine so originelle und gerade in ihrer Verstiegenheit grandiose Metapher kommt man nur, wenn man praktisch nichts mehr zu tun hat mit einer Gemeinschaft, in die man trotzdem von anderen eingewiesen wird. Das jüdische Volk ist ihr unheimlich (»schauerlich« und »morsch«), wie es die eigenen Leute einem niemals sind. So sieht eine Deutsche die Juden, und doch – das ist ja das Besondere dieses Gedichts – enthält es die Anstrengung einer persönlichen Auseinandersetzung. Sie sieht sich als Jüdin eine Rolle spielend, und das war ja der Gestus ihres ganzen Schaffens: Masken, Rollen. Verwandtes werden wir bei Kolmar wiederfinden.

Sie erzählt in ihren Kindheitserinnerungen, wie sie mit Jungen aus ihrer Nachbarschaft Kriegsspiele veranstaltete. »Aber ich mußte Feind sein«, schreibt sie, »weil ich ein Mädchen war, zur Strafe ... und ich fügte mich drein, freiwillig ein französischer General zu werden, denn die Feinde behaupteten, sie könnten dann besser richtig schimpfen, da ich unter meinen Röckchen eine weite, rote Flanellhose trage, ›Franzos mit der roten Hos.‹« Das Kind hat zuerst nichts dagegen, den Feind zu spielen, aber kurz darauf wird sie von einem Heer kleiner Jungen überfallen. »Sie rissen mir den Schulranzen vom Rücken, warfen mich zur Erde und traten und pufften mich: ›Franzos mit der roten Hos. Franzos mit der roten Hos.‹«

Ob diese Kindheitserinnerungen in einem 1:1-Verhältnis zur Wirklichkeit stehen, möchte ich dahingestellt sein lassen. Lasker-Schüler setzt ja immer wieder Zeichen, Warnsignale für den Leser, daß sie erfindet, um zu interpretieren, und nicht einfach berichtet. Wichtig erscheint mir der Satz: »Aber ich mußte Feind sein, weil ich ein Mädchen war, zur Strafe.« Am deutlichsten ausgedrückt ist der Wunsch zur Flucht in ein Rollendasein in ihrem expressionistischen Lebenslauf aus »Menschheitsdämmerung«: »Ich bin in Theben (Ägypten) geboren, wenn ich auch in Elberfeld zur Welt kam im Rheinland. Ich ging bis 11 Jahre zur Schule, wurde Robinson, lebte fünf Jahre im Morgenlande, und seitdem vegetiere ich.«

Masken sind nicht leicht deutbar in Lasker-Schülers Gedichten. Man kommt gleich ins falsche Fahrwasser, wenn man nicht aufmerksam liest. Auch ihre biblischen Gedichte können als jüdische Gedichte gedeutet werden, obwohl dieselben Sagen ja auch dem Christentum zugrunde liegen und christlichen Dichtern gedient haben. Um so auffallender ist es, wie Lasker-Schüler sich von ihren Vorlagen distanziert, sie mit Humor und als menschliche Maskierungsmöglichkeiten behandelt. Zum Beispiel in »Jakob« stülpt sie dem Erzvater eine Tiermaske auf (vgl. die Interpretation zum Gedicht »Jakob«, S. 66 ff. in diesem Band).

Im letzten Kapitel von Sigrid Bauschingers großem Buch über Lasker-Schüler kann man sehr schön nachlesen, wie die Dichterin auf Piedestale gehoben wurde, auf denen sich nicht gut sitzen oder stehen läßt. Das heißt, sie wurde in Rollen gedrängt, aus denen sie, meine ich, in andere Rollen flüchtete, die sie sich zumindest selbst geschaffen hatte. Zu ihrem 50. Geburtstag bekommt sie von Fred Hildebrandt zu hören, ihre Dichtung sei »nur aus dem Blut einer alternden müden Rasse mit ihrer süßen Sinnlichkeit zu verstehen«. Kasimir Edschmid, ein nicht unbegabter Expressionist, schwärmte: »Im Blut rollt unerbittlich, golden und von den Jahrtausenden gefeiert der Rhythmus des Roten Meeres und des Jordans und der Tempel Jerusalems.« Und was geschieht mit solchen Komplimenten und Einordnungen, wenn man die positiven zu negativen Vorzeichen ändert?

Ich zitiere Gottfried Benns bekannte Beschreibung seiner älteren Freundin: »Man konnte weder damals noch später mit ihr über die Straße gehen, ohne daß alle Welt stillstand und ihr nachsah: extravagante weite Röcke oder Hosen, unmögliche Obergewänder, Hals und Arme behängt mit auffallendem, unechtem Schmuck, Ketten, Ohrringen, Talmiringe an den Fingern, und da sie sich unaufhörlich die Haarsträhnen aus der Stirn strich, waren diese, man muß schon sagen: Dienstmädchenringe, immer in aller Blickpunkt.«

Mit dem Wort »Dienstmädchenringe« verrät sich Benn. (Wenn sie doch wenigstens diese Ringe versteckt gehalten hätte!) Was ihn an Lasker-Schülers Auftreten stört, ist das Unbürgerliche, das er nur auf eine Art zu deuten weiß: es ist declassé, es gehört sich nicht. So zieht sich eine anständige Frau nicht an. Es fällt ihm nicht ein, daß sie sich nicht nur in ihrer Lyrik, sondern auch in ihrer Erscheinung neu konstituieren wollte. Heute, nachdem ganze Töchter- und Enkelinnengenerationen uns erzogen haben, Gefallen zu finden am Spiel mit billigem Schmuck, ganz zu schweigen von auffallenden »Obergewändern« zu Hosen und Röcken, heute ist es leicht zu sehen, daß Lasker-Schüler ebenso wenig an Geschmacksverirrungen litt, wenn sie sich »unechte« Steine an die Finger steckte, wie die expressionistischen Maler farbenblind waren, wenn sie grüne Gesichter malten.

Eine Geschmacksverirrung war schon eher ihre Verliebtheit in Gottfried Benn, einen verirrten Spießbürger auf dem Weg in die Nazipartei.

Man muß aus Fairneß den letzten Satz von Benns Charakterisierung hinzufügen, nämlich: »Und dies war die größte Lyrikerin, die Deutschland je hatte.« In der Lyrik verstand Benn Stilisierungen, Paradoxien und intertextuelle Anspielungen und Verkehrungen. Da wußte er, wann er originelle, kreative Sprachschöpfungen vor sich hatte, und hielt Lasker-Schülers Gedichte nicht für Dienstmädchenkitsch oder, wie andere Kritiker, für »schwülstig«, »brünstig« und »peinlich«. Und doch ist auch hier bei Benn Vorsicht geboten. Die Steigerung »größte« (»größte« Lyrikerin) nimmt er zurück, indem er andere deutsch dichtende Frauen abwertet. Er hält es nicht für nötig, sie mit Dichtern zu vergleichen, mit denen sie Gemeinsames verbindet, sondern eben nur mit solchen, die gleichgeschlechtlich sind.

Lasker-Schüler spielt uns von Anfang bis zum Ende das Leben vor, wie es sich einer Dichterin erschließt, die in ihrer Identität von Kindheit an verunsichert wird durch die Kategorisierungen, in die sie paßt und dann wieder nicht paßt, als Frau, als Jüdin. Ihr gelang es mit solchen Defiziten phantasievoll und humorvoll umzugehen und Dichtung daraus zu machen.

Gertrud Kolmars Leben war behüteter, weniger abenteuerlich als das der von ihr bewunderten älteren Kollegin, ihr Schicksal gräßlicher, der Absturz tiefer. Es war ein Leben als höhere Tochter, als gefährdete junge Frau, schließlich als Pflegerin des Vaters, Zwangsarbeiterin und Naziopfer. Lasker-Schüler hat ein von Verehrern gepflegtes Grab in Jerusalem, von Kolmar wissen wir nicht einmal das Todesdatum.

Ihre Jugend fiel in die Jahre der Frauenemanzipation, d.h. daß man an der geistigen Tätigkeit einer Frau, wie der Veröffentlichung von Gedichten, keinen Anstoß mehr nahm, ihr aber doch kein volles Berufsleben zubilligte. In Kolmars Leben gab es Jahre des Zweifels an ihrem Beruf und an ihrer Bestimmung als Frau und Dichterin. Eine Liebesaffäre, vermutlich mit einem Offizier des Ersten Weltkriegs, endete mit einer Abtreibung und der nie gestillten, aber dichterisch verarbeiteten Sehnsucht nach eigenen Kindern. Eine Zeitlang übte sie eine eher bescheidene Berufstätigkeit als Erzieherin, Dolmetscherin und Sprachlehrerin aus. Dann zog sie sich zurück ins Elternhaus, führte die Wirtschaft und betreute den Vater, dem sie zeitweilig auch als Sekretärin diente. Es kamen die Zeiten der Verfolgung. Unter immer schwierigeren Umständen wuchs ihre Überzeugung vom Wert ihrer dichterischen Werke, die voller Sympathie sind für Außenseiter, Verfolgte, Gestörte und abwegige Kreaturen, die niemand leiden kann, etwa für ein unschönes Tier wie die Kröte. Ihre Hingabe an den Vater, oder ihr Pflichtgefühl, kostete sie schließlich das Leben, da sie sich nicht rechtzeitig entschließen konnte, auszuwandern. Es war der 32. Osttransport, der die Zwangsarbeiterin Gertrud Chodziesner, wie sie mit bürgerlichem Namen hieß, am 2. März 1943 nach Auschwitz transportierte. Seither bleibt sie verschollen. Ihr Vater, um dessentwillen sie in Berlin geblieben war, war schon im September 1942 nach Theresienstadt verschleppt worden, wo er im Februar 1943, also einen Monat vor der Deportation seiner Tochter, starb. Das Opfer war umsonst gewesen.

Im November 1938 hatte der Vater das herrschaftliche Haus im Villenviertel Finkenkrug, wo die Dichterin mit Unterbrechungen fünfzehn Jahre lang gelebt hatte, verkaufen müssen. Man zog in ein sogenanntes Judenhaus in der Speyerer Straße, wo mehrere Familien, die nichts gemeinsam hatten, außer daß sie Juden waren, eng aneinander wohnen mußten. Dort schrieb Kolmar weiter an ihren Dichtungen. In einem Brief an die Schwester Hilde, die rechtzeitig in die Schweiz geflüchtet war, beschreibt sie die Umstände dieses Dichtens:

»Jede dichterische Erschaffung ist für mich eine Geburt (die Wehen sind manchmal scheußlich!). Zur Zeit findet dieses Ereignis – in Etappen – immer nachts statt: ich gehe früh zu Bett und wenn dann die oberen Mieter bei ihrer allnächtlichen, sehr geräuschvollen Heimkehr zwischen 1 und 3 Uhr mich wecken, habe ich schon ein paar Stunden geschlafen und die Kopfarbeit kann beginnen. Wenn ich dann das ›Kind‹ wieder um einige Zentimeter weiter ›gehoben‹ habe, ist 5 Uhr vorbei, und ich kann noch ein bißchen druseln. Morgens nach dem Anziehn wird gleich alles niedergeschrieben; dabei bin ich sehr müde, fühle mich elend, habe wohl auch Kopfschmerzen, kurz alle Anzeichen eines ›Katers‹, wie nach einer nächtlichen Ausschweifung, die es ja auch ist. Die nächste Nacht durch schlafe ich dann meinen ›Rausch‹ aus – da kriegen mich auch die lärmenden Überwohner nicht wach – in der dritten Nacht geht die Sache von frischem weiter. Ich habe schon manchmal versucht, untertags zu schaffen, wie ich's in Finkenkrug tat; aber erstens habe ich dann nie die nötige innere Ruhe und immer ein schlechtes Gewissen, weil ich eine auf mich wartende Hausarbeit zu vernachlässigen glaube, und zweitens kommt Vati in jener Stunde totsicher mit irgendeinem kleinen Anliegen oder auch nur mit einer Geschichte, die er mir erzählen will, und dann – reißt der Faden ab und spinnt sich nicht weiter.«

Und anderswo verkündet sie, daß sie jetzt so gut kochen gelernt hat, und wieviel Spaß ihr das mache. Sie fragmentiert sich, verschwendet ihre Zeit, ist unglücklich, unternimmt nichts, um sich zu retten, weiß, was um sie vorgeht, und sackt trotzdem ab in einen geistigen Trost, der sie passiv macht. Der alte Chodziesner, der zwar die Veröffentlichung des ersten Gedichtbandes seiner begabten Tochter gefördert hatte, war als alter Mann offensichtlich nicht gewillt, ihre Aufmerksamkeit mit einer geistigen Kindsgeburt zu teilen.

Doch schon im Jahre 1933 schrieb Kolmar den Zyklus »Das Wort der Stummen«, das vor allem von staatlichem Terror, Unterdrückung und schon von den Verbrechen handelt, von denen heute oft behauptet wird, man hätte damals noch nichts von ihnen gewußt.

Aus: »Im Lager«

Die hier umhergehn, sind nur Leiber
Und haben keine Seele mehr,
Sind Namen nur im Buch der Schreiber,
Gefangne: Männer. Knaben. Weiber.
Und ihre Augen starren leer

Mit bröckelndem, zerfallnem Schauen
Auf Stunden, da in düstrem Loch
Gewürgt, zertrampelt, blindgehauen
Ihr Qualgeächz, ihr Wahnsinnsgrauen,
Ein Tier, auf Händ und Füßen kroch …

Diese Gedichte sind unter den ersten, die die Verhaftungen und Quälereien der Naziopfer zu beschreiben suchten und darüber hinaus die Frage stellen: Was wird aus Menschen, wenn sie konsequent unmenschlich behandelt werden? Was wird aus dem Geist, aus der Seele?

Aus: »Die Gefangenen«

Die Nägel um ihre Gurgeln gekrallt zum Ersticken –
Der Hieb mit dem Kugelstock, mit dem klatschenden Lederstreifen –
Sie irren im Lager um mit kranken, entsetzten Blicken
Und leben wahrscheinlich noch. Das können sie nicht begreifen.

[…]

Gellt der Wächter, springt Schauder in ihre Mienen,
Wieder stürzt ihr Gesicht über düstere Kellertreppen. –
Keinem aber ist noch der bärtige Häftling erschienen,
Der sich geduldig und still, niemals redend mit ihnen,
Täglich müht, ein hölzernes Kreuz auf die Richtstatt zu schleppen.

Der wiedergekehrte Christus taucht in mehreren Gedichten dieses Zyklus auf. Er ist entweder ein Gefangener wie hier oder, wie in dem Gedicht »Anno Domini 1933«, ein verfolgter Jude:

Sein Bart war schwarz, sein Haar war schlicht.
Ein großes östliches Gesicht,

Doch schwer und wie erschöpft von Leid.
Ein härenes verschollnes Kleid.

[…]

Ihn warf der Stoß, ihn brach der Hieb.
Die Leute zogen mit. Er blieb.

Gen Abend trat im Krankenhaus
Der Arzt ans Bett. Es war schon aus. –

Ein Galgenkreuz, ein Dornenkranz
Im fernen Staub des Morgenlands.

Ein Stiefeltritt, ein Knüppelstreich
Im dritten, christlich-deutschen Reich.

Es mag verwundern, daß diese jüdische Dichterin Christus als Folie für die Gewalttaten der Gegenwart wählte. Doch Kolmar war eben vor allem Deutsche und in der deutschen Kultur aufgewachsen. Sicher hat sie mehr von deutscher und französischer Geschichte gewußt und verstanden als vom Judentum. Wie so vielen assimilierten Juden war ihr das Judentum zunächst wohl nicht mehr als ein Überbleibsel aus einer fernen Vergangenheit, das sie zur Fremden stempelte, ohne ihr eine Identität zu gewähren. Wie Lasker-Schüler romantisiert und »orientalisiert« sie ihr eigenes Judentum, macht sich zum Objekt des eigenen Blickes, schafft sich ein selbstentfremdetes Spiegelbild:

Aus: »Die Jüdin«

Ich bin fremd.

Weil sich die Menschen nicht zu mir wagen,
Will ich mit Türmen gegürtet sein,
Die steile, steingraue Mützen tragen
In Wolken hinein.

[…]

Ach, diese Mauer morscht schon wie Felsen,
Den tausendjähriger Strom bespült;
Die Vögel mit rohen, faltigen Hälsen
Hocken, in Höhlen verwühlt.

Das Bild von der morschen Mauer hat Kolmar sicher von Else Lasker-Schüler übernommen, die in ihren »Hebräischen Melodien« von 1913 ihre jüdische Herkunft mit einem morschen Felsen verglich. Man hatte sich weit entfernt vom Ghetto und von der hebräischen Bibel und mußte plötzlich die Vergangenheit nach etwaigen Identitätsangeboten abtasten. Mit der zunehmenden Verfolgung bahnt sich eine Sehnsucht nach dieser verschütteten Vergangenheit an, die nicht dieselbe ist wie der politische Zionismus. Gertrud Kolmar beginnt zwar hebräisch zu lernen und macht gute Fortschritte, doch in ihren jüdischen Gedichten ist etwas anderes spürbar. Hier macht sie nämlich eher von alttestamentarischen Szenen und Bildern Gebrauch, um sie in ein sehr deutsches, neoromantisches Verlangen nach geistiger Heimat einzugliedern. Das wird deutlich in folgenden Strophen aus dem Gedicht »Die Jüdin«:

In den Gewölben rieselnder Sand,
Kauernde Echsen mit sprenkligen Brüsten –
Ich möcht' eine Forscherreise rüsten
In mein eigenes uraltes Land.

[...]

Ich kleide mich staunend. Wohl bin ich klein,
Fern ihren prunkvoll mächtigen Zeiten,
Doch um mich starren die schimmernden Breiten
Wie Schutz, und ich wachse ein.

Nun seh' ich mich seltsam und kann mich nicht kennen,
Da ich vor Rom, vor Karthago schon war,
Da jäh in mir die Altäre entbrennen
Der Richterin und ihrer Schar.

Ihr Selbstporträt als Jüdin ist ihre Maskierung und gleichzeitig Selbstoffenbarung, also sowohl Fremdheit wie eine heraufzubeschwörende Identität. Einen Familienschatz an hebräischen Tönen will sie heben – aber immer noch um deutsche Gedichte zu verfassen. Sie schreibt über diese hebräischen Traumbilder:

Von dem verborgenen Goldgefäß
Läuft durch mein Blut ein schmerzliches Gleißen,
Und ein Lied will mit Namen mich heißen,
Die mir wieder gemäß.

Doch ihr selbstgewähltes Dichterpseudonym »Kolmar« ist deutsch, nämlich der deutsche Name des Ortes Chodziesen, aus dem die Familie ihres Vaters stammte. Und ebenso deutsch ist ja der Vorname Gertrud, den ihr die Eltern gegeben hatten. Wie für viele andere deutsche Juden ist das wieder zu entdeckende Judentum zwar ein Schild, den man gegen den Ansturm der Judenfeindlichkeit halten kann, aber es ist doch auch eine ehrwürdige Ruine, die Gott sowohl zerfallen wie bestehen läßt.

Riesig zerstürzende Windsäulen wehn,
Grün wie Nephrit, rot wie Korallen,
Über die Türme. Gott läßt sie verfallen
Und noch Jahrtausende stehn.

Wie Else Lasker-Schüler, mit der Kolmar schon zu Lebzeiten öfters verglichen wurde, versteckt sich Kolmar hinter vielen Masken und möchte doch, daß man ihre

Eigentümlichkeit dahinter erkennt. Aus ihren Briefen an die Schwester Hilde geht hervor, daß sie nie recht zufrieden wurde mit ihrem Leben als »altes Mädchen« und ihre Kinderlosigkeit nie verwinden konnte, gleichzeitig aber von ihrer dichterischen Arbeit überzeugt war.

»Eine gleichsam ›absolute‹ Liebe zu einem Berufe, der mit Mann und Kind nichts zu tun hat, kann ich mir zwar denken; aber ich kann sie nicht empfinden [...] wenn Du meinst, daß ich nicht ›in den Ansätzen stecken geblieben‹ sei, so muß ich hinzufügen, daß ich für diese Vollendung einen sehr, sehr hohen Preis bezahlt habe. Heute freilich weiß ich, daß ich beim Kauf nicht betrogen worden bin, daß, was ich empfing, wert war, was ich entrichtet.«

Allerdings hatte sie, wie die meisten Frauen ihrer Zeit, außer dem Dichten und trotz allerbester Zeugnisse nie einen Beruf, der sie ausfüllen konnte. In dem Gedicht »Die Erzieherin« schreibt sie, sicher aus eigener Erfahrung:

Ich füll' die ausgestreckten Hände, wie ich mag.
Es ist kein Eignes ... Schaumlos steht und laulich schal
In Wäschenähn und Schularbeit der Tag
Und in dem ewigen Spaziergang zum Kanal.

So lange her, daß ich kein Buch mehr frug;
Denn in den Büchern sprach ich stets mit mir ...
Zuweilen finde ich, das irgendwer ins Zimmer trug,
Ein altes Blatt und Bild von Mensch und Tier.

[...]

Mag sein, sie haben meinen Traumwald nicht
Mit Blättern, die sich langsam müde färben,

Und nicht die kahle Straße vorm Gesicht,
Darauf ich täglich wandre in mein Sterben.

Als die Situation für Juden in Deutschland immer hoffnungsloser und die Deportation unvermeidbar schien, wandte sich die Schwester Hilde in der Schweiz an eine dort ansässige Hamburger Dame mit der Bitte um Hilfe für Gertrud Kolmar. Die Frau bedauerte, daß sie nicht helfen könne. Ihren »beruhigenden« Worten kann man entnehmen, wie falsch und auch kalt und gleichgültig man die Bedrohung der Juden unter der Naziherrschaft wahrnahm:

»Nun müssen Sie sich aber das zu Ihrer Beruhigung sagen, daß Ihr Vater, der doch sicher viele Bekannte in ähnlicher Lage hat, nicht allein ist; man wird ihn doch nicht ganz im Stiche lassen, und Ihre Schwester, selbst wenn sie nach Russland muß, um dort zu arbeiten, gewiß ist es hart, aber man kann in Rußland auch im tiefsten Winter leben, wir waren ja 8 Jahre lang dort. Die Reise wird nicht angenehm sein, aber was für eine Erfahrung! Sehen Sie, ich denke immer, auch die bittersten Erlebnisse sind nicht ohne Wert, weil sie erst den ganzen Menschen machen, man muß die schwere Situation nur tapfer anpacken. Die Deutschen, die die Reise Ihrer Schwester, und vieler Leidensgenossen wahrscheinlich, leiten, sind meistens ziemlich normale Menschen ... was kann ein reifes Mädchen wie Ihre Schwester nicht alles, allein unterwegs, für Ihre Leidensgenossen leisten. Nein, ich denke mir das, was Ihrer Schwester bevorsteht besser, als das alltägliche und doch ewig von Entwürdigung bedrohte Leben in Berlin. // Wir haben 1918 in der schlimmsten Revolutionszeit eine 8wöchige Flucht, z.T. unter Lebensgefahr mit 2 kleinen Kindern durchgemacht. Diesen Wochen verdanke ich viel!!«

Soweit die Hamburger Christin. Es erübrigt sich, diesen Brief zu analysieren. In ihm steckt die ganze Trivialisierung der jüdischen Katastrophe, die das Ausland hinderte, Gertrud Kolmar und ihresgleichen zu retten. Und so wurde diese deutsche Dichterin, als sie noch keine fünfzig Jahre alt war, in einen Güterwaggon gepfercht, um nie zurückzukehren.

Sie hatte wohl keine Illusionen und rechnete sich schon 1933 zu den Gefangenen, über die sie ihre Gedichte schrieb. Die spätere Nobelpreisträgerin Nelly Sachs, die sie in den dreißiger Jahren kennenlernte, schrieb über Kolmar: »Du hattest nicht den Blindenstar / Der altgewordnen Zeit. / Wo für uns noch der Abend war / sahst Du schon Ewigkeit.« Sie bewahrte eine eigentümliche Fassung, eine Bereitwilligkeit, ihr »Schicksal« zu ertragen, die uns Heutige vielleicht irritiert – denn was gab es zu bejahen an der Zwangsarbeit in der Rüstungsindustrie und später dem Mord im KZ, den sie, den Gedichten nach zu schließen, voraussah? Im Dezember 1942 schreibt sie an die Schwester:

»Der Maschinenlärm in der Fabrik schwächt mich weniger als oft das Geplapper der Menschen in meiner Wohnung ... Und gelegentlich kommt einem eine Arbeit unter die Hand, die man geradezu ›gern‹ macht, wahrhaftig, gern! ... es hätte nicht bei mir gestanden, diese Fabrikarbeit, die mir befohlen ward, anzunehmen oder abzulehnen; ich hätte mich fügen und sie verrichten müssen. Wohl aber war ich frei, sie ›innerlich‹ zu bejahen oder zu verneinen, widerstrebend oder guten Willens an sie heranzugehn. In dem Augenblick, da ich sie in meinem Herzen ›bejahte‹, lastete schon kein Druck mehr auf mir; ich war entschlossen, sie als Unterricht zu betrachten und so viel wie möglich zu lernen. [...]

So will ich auch unter mein Schicksal treten, mag es hoch wie ein Turm, mag es schwarz und lastend wie eine Wolke sein. Wenn ich es schon nicht kenne: ich habe es im voraus bejaht, mich ihm im voraus gestellt, und damit weiß ich, daß es mich nicht erdrücken wird, mich nicht zu klein befinden.«

Diese Briefstelle wird öfters als Zeichen von Kolmars seelischer Kraft zitiert. Angesichts ihres Todes in einer Gaskammer frage ich mich: Was ist das für eine selbstmörderische Innerlichkeit? Hätte sie nicht »nein« sagen müssen zu dem, was ihr in den letzten Jahren angetan wurde? Und wäre das »Nein« nicht Zeichen einer größeren Freiheit gewesen, auch wenn es sie seelisch nicht entlastet hätte? Zwar ist der Rahmen ein Brief an die Schwester, der sie sicher nichts vorjammern will, und obendrein wurde die Post natürlich zensiert. Trotzdem waltet in diesen letzten Briefen ein problematisches Pathos der Seelenförderung, das sich auch früher bei ihr findet, hier aber wohl der Verklärung ihrer Lebensmüdigkeit dient. Allerdings verdanken wir dieser Ausgeglichenheit auch die schöne letzte Strophe des Gedichts »Die Kröte« (vgl. auch die Interpretation des Gedichts S. 87 ff. in diesem Band).

Ich atme, schwimme
In einer tiefen, beruhigten Pracht,
Demütige Stimme
Unter dem Vogelgefieder der Nacht.
Komm denn und töte!
Mag ich nur ekles Geziefer dir sein:

Ich bin die Kröte
Und trage den Edelstein …

Ich komme zur dritten dieser deutsch-jüdischen Dichterinnen, zu Nelly Sachs. Vor ihrer Emigration hatte sie nicht viel und nichts Bemerkenswertes geschrieben, und erst im Exil und unter dem Einfluß der Fremdsprache, wie Hilde Domin meint, fand sie ihre eigene Stimme. Ein eigentümliches Paradox. Das dichterisch entscheidende Erlebnis für sie waren zweifellos die Nachrichten über den Judenmord in Deutschland. Schon darum wird man in ihren Gedichten umsonst nach Ironie und Distanz suchen. Zudem sind Mystiker nicht ironisch. Nicht Verkleidung und Maskierung gewährt den Weg und den Ort der Rettung, sondern die heute nicht sonderlich beliebte Transzendenz, der Ausblick auf die Ewigkeit. Bei Nelly Sachs schleppt allerdings dieser Ausblick immer die Ängste der Wirklichkeit mit sich.

Ihre Karriere war wohl die eingeschränkteste von allen dreien. Sie widmete sich ihren Eltern und opferte ihr Privatleben der Mutter, mit der sie bis zum Ende zusammenlebte wie Kolmar mit ihrem Vater. Das war nicht so ungewöhnlich: man erwartete eine solche Selbstaufgabe von unverheirateten Töchtern. Sie war im letzten Moment, schon nach Kriegsbeginn und als der Deportationsbefehl für sie und ihre Mutter schon vorlag, nach Schweden entkommen. Die Schaffensbedingungen im Exil ähneln in mancher Hinsicht denen von Gertrud Kolmar. Auch bei Nelly Sachs führt die Rücksicht auf die Mutter, wie bei Kolmar die auf den Vater, zu Erschwerungen der Arbeit. Das Mysterienstück »Eli« offenbarte sich ihr, wie sie sagt, »in drei Nächten unter solchen Umständen, das ich mich zerrissen glaubte. Da ich nicht wagte, in dem einen Zimmer, das wir bewohnten, Licht anzuzünden, um die seltene, kostbare Nachtruhe meiner Mutter nicht zu stören, so versuchte ich im Kopf immer wieder zu wiederholen, was sich da abspielte in der Luft, wo die Nacht wie eine Wunde aufgerissen war. Am Morgen schrieb ich dann das Behaltene, so gut ich konnte, nieder ...«

Als Siebzehnjährige hatte sie ein Liebeserlebnis, über das sie sich einerseits ausschwieg, auf das sie andererseits als große Krise immer wieder anspielt. Unter ihren Gedichten über das große Sterben sind diejenigen, die sich auf diese eine Gestalt beziehen, mit die überzeugendsten. Hier ist eines, das sich obsessiv mit der Frage, wie denn ein Ermordeter stirbt, auseinandersetzt. Nelly Sachs bedient sich meist einer abstrakten Sprache, aber hier spielt sie alternative Antworten durch, die in der Genauigkeit und Wiederholung den Kummer lautstark werden lassen. Was hat er zuletzt gesehen? Stein, Erde, Wasser, Vogel?

Wenn ich nur wüßte,
Worauf dein letzter Blick ruhte.
War es ein Stein, der schon viele letzte Blicke
Getrunken hatte, bis sie in Blindheit
Auf den Blinden fielen?

Oder war es Erde,
Genug, um einen Schuh zu füllen,
Und schon schwarz geworden
Von soviel Abschied
Und von soviel Tod bereiten?

Oder war es dein letzter Weg,
Der dir das Lebewohl von allen Wegen brachte
Die du gegangen warst?

Eine Wasserlache, ein Stück spiegelndes Metall,
Vielleicht die Gürtelschnalle deines Feindes,
Oder irgend ein anderer, kleiner Wahrsager
Des Himmels?

Oder sandte dir diese Erde,
Die keinen ungeliebt von hinnen gehen läßt,
Ein Vogelzeichen durch die Luft,
Erinnernd deine Seele, daß sie zuckte
In ihrem qualverbrannten Leib?

Nach dem Tod der Mutter war sie krank und einsam, in späten Jahren wurde sie mit Anerkennungen überschüttet (darunter der Friedenspreis des deutschen Buchhandels und schließlich der Nobelpreis); gleichzeitig war sie heimgesucht von Ängsten und mußte Jahre in einer Klinik verbringen.

Sie ist nicht verspielt, und sie verwendet keine Masken. Nelly Sachs verwendet den hohen Ton der Poesie, als sei er nie angefochten worden. Ihr Thema, Vernichtung und Tod, ist diesem Ton angemessen und ihre Lösung, wenn man von einer solchen sprechen kann, ist es auch, nämlich Flucht ins Absolute, mystische Versenkung oder in ihren eigenen Worten »Fahrt ins Staublose«. Dadurch macht sie es auch manchen Lesern leicht mitzuflüchten. Und so haben wir ein gewisses Nelly-Sachs-Problem, nämlich den Versuch, sie zu einem Versöhnungsmaskottchen zu stilisieren. Dann wird ihr Werk nur beplappert, wie es etwa Walter Jens tat, als er schrieb: »Keine Ehrung und kein Ansehen in der Gesellschaft werden uns weiterhelfen können, wenn wir vor diesen Versen versagen.« Ein moralisches In-die-Brust-Werfen ist kein Kriterium für Dichtkunst und kann nur zu Ablehnung und Ungerechtigkeit bei anderen Lesern führen, die diese quasi politische Funktion ihrer Dichtung nicht anerkennen wollen. Sie war wohl in der Nachkriegszeit, als Enzensberger sie »entdeckte«, berühmter als jetzt. Es ist auffallend, wie oft ihr Name ausgelassen wird, wenn von deutschen Nobelpreisträgern die Rede ist.

Tatsächlich aber haben sowohl Exil wie Paranoia diese einsame Frau zu einer bemerkenswerten Mystikerin gemacht. Das Judentum hatte sie sich zwar nur angelesen, aber ziemlich gründlich. Wie das Stück »Eli«, so entstanden auch viele der Holocaust-Gedichte, mit denen sie nach dem Krieg berühmt wurde, schon 1943 und in Stockholm, als das Verbrechen noch in vollem Gang war. Das muß man wissen, um das Pathos dieser Gedichte richtig einzuschätzen, das uns heute vielleicht zu überhöht, zu wirklichkeitsentfernt für das Geschehen, anmutet. Sie wurden eben geschrieben, bevor die Sache abgeschlossen war (sogar »Der Chor der Geretteten«, trotz des Titels) und sind somit eher ein Aufschrei als eine Abrechnung. Dann wurde sie, in Hilde Domins Worten, »die große Bestatterin dieser Millionen von Toten, dieser als Leichen noch geschändeten Toten. Mit ihren Klagegesängen begrub sie, als einzelne Überlebende, gleichsam eine ganze Stadt, ein Volk von Toten.« Eine solche Rolle ist angreifbar und ist nicht jeden Lesers Sache.

Das folgende Gedicht spricht von einer mystischen Erlösung der irdischen Dinge. Der Stein löst sich in Musik auf, und die psychologischen Steine, die Alpträume, sprengen die Depressionen der Menschen. Der Haß schmilzt am Schnee des Todesengels. Ein Endzeitgedicht, das keine Hoffnung verheißt und mit dem Wort »Nichts« endet. Dennoch wirkt es trostspendend, dennoch begütigend, ein paradoxes Gedicht über Schwerelosigkeit.

Wie leicht
wird Erde sein
nur eine Wolke Abendliebe
wenn als Musik erlöst
der Stein in Landsflucht zieht

und Felsen die
als Alp gehockt
auf Menschenbrust
Schwermutgewichte
aus den Adern sprengen.

Wie leicht
wird Erde sein
nur eine Wolke Abendliebe
wenn schwarzgeheizte Rache
vom Todesengel magnetisch
angezogen
an seinem Schneerock
kalt und still verendet.

Wie leicht
wird Erde sein
nur eine Wolke Abendliebe
wenn Sternenhaftes schwand
mit einem Rosenkuß
aus Nichts –

Das Wort »Nichts« ist für die Mystiker auch das Wort für »Alles«. Das Gedicht verwandelt alle Materie in Geist und erlöst die Welt, indem sie sie auflöst.

Die Erziehung der höheren Töchter in eigens für sie eingerichteten Schulen war sicher ein Umweg zur Kunst, aber ein Weg war es trotzdem. In Deutschland waren nicht nur die Söhne jüdischer Bürger, sondern langsam, aber sicher auch ihre Töchter kulturell produktiv geworden. Dann wurde das alles kurz und klein geschlagen. Ein paar Glanzstücke bleiben, aber vor allem ein Scherbenhaufen. Wir sammeln die Scherben.

Mein Schlüssel hat das Haus verloren

Die verfolgten Dichterinnen Rose Ausländer, Mascha Kaléko und Hilde Domin

Der Titel dieses Vortrags stammt aus einem Gedicht von Rose Ausländer. Wie in dem vorhergehenden Vortrag geht es mir darum, daß die Dichterinnen des Exils nicht in ein Abseits des »ferner liefen« verschoben werden. Sicher hat es unter den schreibenden Exilanten mehr Männer als Frauen gegeben, aber so ganz vereinzelt stehen die Frauen nicht da, im Gegenteil, sie bilden, wie mir scheint, eine unverkennbare Gruppe.

Zu ihr gehören drei deutschsprachige Frauen aus mehr oder minder assimiliertem jüdischen Milieu: Rose Ausländer, Mascha Kaléko, Hilde Domin. Jüdisches – ob Sitten, Traditionen, Religion – war am ehesten noch Rose Ausländer im Detail bekannt. Doch das Selbstverständlichste für alle drei war die deutsche Sprache, das deutsche Bildungsgut. In Ausländers Czernowitzer Elternhaus gab es zwar beides – deutsche Bildung und jüdische Gebräuche, letztere sehr liberalisiert –, aber das Gegebene in diesem Umfeld war die deutsche Sprache. Und vielleicht gerade deshalb war Deutsch von Anfang an selbstverständlich, weil die Bukowina und die Stadt Czernowitz, wie die Dichterin oft betont, ein Viersprachenland war. Das fromme Judentum hingegen lag schon eine Generation zurück. Darüber gibt sie Auskunft in dem Gedicht »Der Vater«. Sadagora war ein kleiner Ort in der Bukowina, wo sich eine sehr fromme jüdische Gemeinde einen Wunderrabbi hielt und der Wunderrabbi hofhielt. Sadagora kommt auch in den Werken von Rose Ausländers

Landsmann Paul Celan vor. Rein als Stadt oder landschaftlich gesehen, war Sadagora ein Flecken, der aber geistig für die Frommen über seine Beschränkung hinausgewachsen war. Und eigentlich kann man Ähnliches auch über Czernowitz sagen, das für seine jüdischen Einwohner, die ungefähr ein Drittel der Bevölkerung stellten, immense kulturelle Bedeutung hatte.

Beginnen wir mit einem kurzen Lebenslauf. Rose Ausländer wurde 1901 als Rosalie Scherzer in diesem geliebten Czernowitz geboren, und sie ist im Januar 1988 in einem jüdischen Altersheim in Düsseldorf gestorben. Dazwischen lagen die Jahre der Reisen und der Emigration. Rose Ausländer wanderte schon in den zwanziger Jahren nach Amerika aus, heiratete einen Mann, dem sie ihren sprechenden Namen verdankt, lebte in einer amerikanischen Kleinstadt als untergeordnete Büroangestellte, kehrte nach Europa zurück, und zwar in die Heimat, die bald ein Gebiet der Verfolgung wurde, durfte nicht zurück nach Amerika, versteckte sich in Kellern, überlebte, wanderte 1946 noch einmal aus, kehrte 1963 noch einmal zurück und blieb in Deutschland. Hier kam sie zwar nicht zu hohen Ehren und großer Berühmtheit, aber sie wurde geschätzt, wenn auch in verhältnismäßig kleinem Kreis. Sie erhielt einige Auszeichnungen. Wie das so ist, ist ihr Ruhm nach ihrem Tod gestiegen, und es kann sein, daß sie im Begriff ist, in den Kanon der Moderne einzugehen. Eines ihrer schönsten Czernowitzer Gedichte ist »Der Vater«.

Der Vater

Am Hof des Wunderrabbi von Sadagora
lernte der Vater die schwierigen Geheimnisse

Seine Ohrlocken läuteten Legenden
in den Händen hielt er den hebräischen Wald

Bäume aus heiligen Buchstaben strecken Wurzeln
von Sadagora bis Czernowitz
Der Jordan mündete damals in den Pruth –
magische Melodien im Wasser
Der Vater sang sie lernte und sang das
Erbe der Ahnen verwuchs mit
Wald und Gewässern

Hinter den Weiden neben der Mühle
stand die geträumte Leiter
an den Himmel gelehnt
Jakob nahm auf den Kampf mit den Engeln
immer siegte sein Wille

Von Sadagora nach Czernowitz und
zurück zum Heiligen Hof gingen die Wunder
nisteten sich ein im Gefühl
Der Knabe erlernte den Himmel kannte die
Ausmaße der Engel ihre Distanzen und Zahl
war bewandert im Labyrinth der Kabbala

Einmal wollte der Siebzehnjährige
die andere Seite sehn
ging in die weltliche Stadt
verliebte sich in sie
blieb an ihr haften

Das Gedicht ist biographisch und beschreibt, vermutlich ziemlich genau, den Werdegang von Rosalie Scherzers Vater. Vier metaphernreiche Strophen für die chassidische Erziehung und ihre Entfaltung – dann in einer einzigen Strophe und fünf bescheideneren Versen der Übergang zur Emanzipation. Dieser Schlußpunkt wird wie selbstverständlich gesetzt, als stünde er für die Entwicklung des europäischen Judentums schlechthin. Chassidisches Gedankengut kommt zur Sprache in den Naturmetaphern: Wald, Wiese, Wasser, in nächster Nähe zu Glauben und Legenden. Man erinnere sich daran, daß der Chassidismus ursprünglich gewissermaßen eine Art romantische Bewegung war, in der Religiösität und Naturliebe eng verbunden waren. Er bedeutete eine Befreiung aus der ausschließlichen Stubengelehrsamkeit und die Freude an Gottes Schöpfung als Gottesdienst. Daher im Gedicht die Bäume aus heiligen Buchstaben und das Erbe der Ahnen, das mit Wald und Gewässern verwächst. Geistiges Zentrum ist Sadagora, weltliches Zentrum ist Czernowitz, und das Heilige Land ist nicht weit: »Der Jordan mündete damals in den Pruth.« Ähnlich hat ein jiddischer Dichter einmal das über das heutige Vilnius geklagt: »Jerusalem, deine Tochter Vilna lebt nicht mehr.« Das Eigenartige an Rose Ausländers Gedicht ist aber der sanfte Übergang – gewaltlos, ohne Risse und Spannungen – in die moderne Welt – von Sadagora nach Czernowitz. So wird es über den spezifischen Fall hinaus zu einer Interpretation jüdischer Geschichte in der Diaspora.

Für Rose Ausländer war die Bukowina »die Landschaft, die mich erfand«. Und auch Paul Celan sagte in einem bekannten Satz der Bremer Dankrede: »Es war eine Gegend, in der Menschen und Bücher lebten.« Dieses geliebte Czernowitz hat sie sicher idealisiert als eine Stadt, die besessen war von Ideen und rein von materiellen Untugenden. So schrieb sie mit dem Blick der Nostalgie: »Bildhauer, Maler, Musiker, Dichter lebten, wenn sie keinem andren Beruf nachgingen, von der Bewunderung ihrer Freunde und Mitbürger, die ihre Werke kauften, ihre Konzerte und Lesungen besuchten. Man empfand es als Pflicht, Künstler und Dichter zu unterstützen und zu fördern.« Rose Ausländers Biographin Cilly Helfrich stellt etwas konsterniert fest, daß die eigentliche Lage von Dichtern und Schriftstellern sich nicht so positiv gestaltete, wie sie in der Phantasie der Schriftstellerin weiterlebte. Dagegen sprach Gregor von Rezzori, eine der wenigen nichtjüdischen literarischen Berühmtheiten der Gegend, von Czernowitz als einer Schlawiner-Hochburg. In meiner Wiener Kindheit redete man eher geringschätzig von Czernowitz, denn von uns aus gesehen war es Provinz, wo man natürlich auch Verwandte hatte. Ich gestehe, daß Rose Ausländers Apotheose ihrer Heimatstadt mir unheimlich ist, denn ich kann nicht umhin zu denken, daß sie ohne dieses Heimweh sich die bittersten Jahre ihres Lebens erspart hätte.

Rose Ausländer ist zweimal nach Amerika ausgewandert, aber die erste Ausreise hat sie merkwürdigerweise später im Leben verschwiegen. Das erste Mal war 1921, nach dem Tod ihres Vaters. Die Gründe waren wirtschaftlich: Die Mutter konnte nicht zwei Kinder ernähren und schickte das ältere in die Welt hinaus. In Amerika heiratet sie Ignaz Ausländer, dessen Namen sie nach dem Ende der kurzen Ehe beibehält, denn einen besseren konnte es für die Heimatlose nicht geben. 1926 läßt sie sich scheiden, im selben Jahr wird sie amerikanische Staatsbürgerin und kehrt besuchsweise nach Czernowitz zurück. 1928 ist sie wieder in Amerika. Sie arbeitete als Büroangestellte zuerst in Minnesota, einem Staat mit einer großen deutschstämmigen und damals auch noch deutschsprachigen Bevölkerung. Später zog sie nach New York. Etwas anderes als Büroarbeit gab es für die meisten Frauen nicht, und die Dichterin, die in Czernowitz Studentin der Philosophie gewesen war, fand diese Arbeit zum Ersticken langweilig. Und so ist sie 1931 wieder in Czernowitz.

Diese Daten sind wichtig, denn sie verliert ihre amerikanische Staatsbürgerschaft, weil sie als naturalisierte Staatsbürgerin nur eine sehr begrenzte Zeit in ihrer ehemaligen Heimat wohnen durfte. (Dieses Gesetz ist, nebenbei gesagt, inzwischen aufgehoben worden.) Trotzdem versucht sie 1942, als sie sich wie alle Juden ganz offensichtlich in Todesgefahr befindet, durch die Schweizer Botschaft, die die USA in Rumänien vertritt, diese Staatsbürgerschaft wieder aufnehmen zu dürfen. Es hätte die Behörden nichts gekostet zu übersehen, daß sie die Zeitgrenze ihres Aufenthalts überschritten hatte. Statt dessen erhielt sie als Antwort durch die Schweizer wörtlich: »[Ich teile] Ihnen nunmehr mit, daß der Beschluß der zuständigen amerikanischen Behörden der Spezialabteilung nicht erlaubt, Ihnen irgendwelchen Schutz als Staatsangehörige der Vereinigten Staaten angedeihen zu lassen. Die zuständige Stelle hat nach Prüfung Ihres Falles entschieden, daß Sie nach amerikanischem Gesetz als ›voraussichtlich expatriiert‹ zu gelten haben. Die einzige Möglichkeit, die Ihnen demnach bleibt, Ihre amerikanische Staatsbürgerschaft einer neuen Prüfung durch die amerikanischen Behörden unterziehen zu lassen, besteht in einem Gesuch zur Rückkehr in die Vereinigten Staaten, das Sie im Zeitpunkt einreichen müssen, wenn eine solche Reise wieder möglich ist, was vor Kriegsende kaum der Fall sein dürfte. Ich bedaure, Ihnen keinen besseren Bescheid geben zu können, und mache Sie gleichzeitig darauf aufmerksam, daß weitere Rückfragen Ihrerseits in der Angelegenheit zwecklos sind.«

Nicht allzu weit von dieser völligen Gleichgültigkeit teilte Raoul Wallenberg in Ungarn unter Lebensgefahr schwedische Papiere an gefährdete ungarische Juden aus. Es ging auch anders.

Rose Ausländer überlebt die nächsten Jahre mit der Mutter im Czernowitzer Ghetto, teils in Kellerverstekken. Sie hat auch dort Gedichte geschrieben, und ich wollte, man könnte diese Gedichte zu den besten rechnen. Das ist leider nicht der Fall. Äußerste Not, ob Ghetto oder Lager, ob Hungersnot oder Invasion, ist kein günstiger Nährboden für Poesie. Die Ghettogedichte sind konventionell und ergehen sich in abstrakten Klagen, die das Schicksal der Betroffenen nicht so spezifizieren, daß es im Gedächtnis hängen bleibt. So lauten etwa die letzten sechs Zeilen in einem formgerechten Sonett (das Sonett war eine Lieblingsform vieler während des Kriegs):

So sorgt die vielgeübte Henkershand
für einen starken Stoff, aus Gram gewebt,
ein Kleid, dem jeder Körper widerstrebt.

Und der einst Bruder schien, steht abgewandt
und trägt das Zerrbild der verruchten Zeit
in seinem Blick der Unbekümmertheit.

Das ist nicht schlecht gemacht, und es beschreibt auch ganz richtig den Mangel an Hilfsbereitschaft, den sie zu spüren bekommen hatte. Aber es ist reichlich abstrakt, man kann sich wenig mehr darunter vorstellen als ein verallgemeinertes Opfer und einen Jedermann als Täter, während ihre Stärke immer die Genauigkeit der Beobachtung gewesen ist. Ganz anders folgendes Gedicht über jüdisches Schicksal und jüdische Enttäuschung über die geschichtliche Entwicklung. Das Gedicht heißt »Rückwärts« und beschreibt eine Phantasiefahrt in ein Österreich, wo es noch Hoffnung gab:

Gleise verschoben
der Zug fährt rückwärts
die Großmutter
ist in festlicher Stimmung

Wir fahren zum Kaiser
sagt sie er liebt uns Juden

Ich strickte ein weißes Wams
aus purem Flaum
reich es ihm mit den Worten
Majestät von Deinen
loyalen Juden

Als ich es ihm darbot
war es
ein unbeschriebener Bogen Papier

Hier sind keine Klagen, hier ist nicht die Rede vom Leiden, sondern eine Großmutter fährt witzigerweise auf »verschobenen Gleisen« in die Vergangenheit, wo man noch auf den Kaiser hoffte. Für die Enkelin ist die Hoffnung ausgelöscht, ihr bleibt statt einem wertvollen Kleidungsstück nur das Papier einer ungewissen Zukunft, auf dem nichts steht.

Nach dem Krieg wanderte Rose Ausländer zum zweiten Mal in die Vereinigten Staaten aus. Wie beim ersten Mal bot sich ihr nur die erschöpfende Langeweile einer verhaßten Büroarbeit. 1964 kehrt sie nach Europa zurück und verschweigt danach hartnäckig ihre erste Emigration. Ebenso unterschlägt sie sechs Lebensjahre und gibt 1907 statt 1901 als ihr Geburtsjahr an. Man kann nur raten, warum sie das tut. Vielleicht waren ihr manche Entscheidungen, die sie selber getroffen hatte, so zuwider, daß sie nicht daran denken wollte. Zum Beispiel das Hin und Her zwischen den Sprachen. Sie hat jahrelang nur englische Gedichte geschrieben. Vielleicht wollte sie die sechs Jahre Krieg auslöschen. Man fragt sich, ob sie nicht die Weichen zu oft gestellt hat.

Immer hat sie außerordentliche Gedichte über Ortschaften, Landschaften gedichtet. Die Gedichte von ihrem ersten Amerika-Aufenthalt sind aber vor allem eine Auflistung sozialen Übels in der Großstadt. Sie schreibt etwa über obdachlose Alkoholiker in der Bowery, einem südlichen Stadtteil Manhattans:

> Ich seh sie nackt, ich seh die »Bowery«
> die Menschen liegen dort wie stumpfes Vieh
> und König Alkohol ist dort zuhaus
> mit seinem Hofstaat: Hunger, Pest und Laus.
>
> Vom Fusel ausgebrannt, stürzt hin ein Weib
> und deckt ein Stückchen Pflaster mit dem Leib.
> Der Ordnungshüter scharrt den Großstadtfleck
> verächtlich wie ein Häufchen Dreck hinweg.

Und anderswo, wieder über New York:

> Tuten, Rasseln, Kreischen –
> so hört man, daß man lebt!
> Man tanzt nach allen Geräuschen,
> bis das höchste Haus erbebt!

Menschen: Automaten
Laternen und Lichter: kalt.
Die ganze Stadt: ein Schatten
ohne Liebe und Sonne und Wald.

Kein Wunder, daß sie mit einem solchen Amerikabild nach Europa zurück wollte – allerdings um dort eine beträchtlich größere Lieblosigkeit zu erfahren, als ihr in New York je zugestoßen war und wäre. Und vielleicht hat sie deshalb diesen ersten Aufenthalt unterschlagen und verneint.

Das zweite Mal war es doch etwas anders. Jetzt geht es nicht mehr um die völlige Verworfenheit des amerikanischen Großstadtlebens, sondern um die Verquickung von Großstadtleben und natürlichem Ambiente, in dem man am Sonntag Erfrischung sucht. Also ein Sonntagsgedicht. Ausländer hat inzwischen viel moderne amerikanische Lyrik gelesen, hat die Dichterin Marianne Moore kennengelernt, von ihr gelernt, selber englische Gedichte verfaßt und einen neuen Ton gefunden.

Sonntag am Riverside Drive

Landschaft vom Wasser getüncht der Wind
treibt sein Spiel mit den Wolken Möwen sind ovale
Bewegungen um ein langes Messer ein Schiff das
den Hudson zerschneidet ohne ihn zu verwunden
Schwarz rauscht die Welt aus der entblätterten Zeitung

Glanz ölt die Promenade Kinder auf Rollschuhen fliegen
ins Licht hinter Holzbänken grünt der August
entlang der lückenlosen Autoparade
Schwarz rauscht die Welt aus der entblätterten Zeitung

Die Sonne begleitet den weißen Metallwagen des
Icecream-Verkäufers der heiser ist vom Ausrufen der
zwei Silben jenseits des Wassers auf erhöhtem
Terrain grünt der August um nüchterne Häuser ein paar
Schiffe schlafen im Hafen weiter oben im dichten
Dunst hängt die Washington-Brücke traumhaft real
   Schwarz rauscht die Welt aus der entblätterten Zeitung

Wir bringen den Sonntag zum Riverside Drive wir
werfen das Autogerassel ins Wasser wir
werfen das Gewicht der Woche ins Wasser wir
werfen die Welt ins Wasser daß sie sich wasche von
   Kohle und Asche

Sie hat einen neuen Ton gefunden, doch so neu er sein mag, er fügt sich in die gelungensten Gedichte der Anfänge wie das Bukowiner Gedicht über den Vater. »Traumhaft real« heißt es am Ende der vierten Strophe über die Washington-Brücke. Die paradoxe Formulierung könnte als Leitmotiv zu Rose Ausländers Dichtung dienen. In der ersten Strophe treffen wir zunächst auf eine genau beobachtete Flußlandschaft im Zusammenspiel von Wind, Wolken, Möwen. Dann die Großstadtbilder: die Kinder auf Rollschuhen, die vielen Autos, die hier aber nicht mehr mit ablehnenden Beiworten bedacht werden, sondern in die Szenerie integriert und ein Teil des Stadtbilds sind. In der langen dritten Strophe findet eine Verquickung von Mensch und Landschaft statt, wie im »Vater«-Gedicht menschliche Gelehrsamkeit einfloß. Bis hierher ist die poetische Struktur des Gedichts stark betont durch den wiederholten Refrain: »Schwarz rauscht die Welt aus der entblätterten Zeitung.« Der Vers ist nicht einwandfrei zu interpretieren. Ich denke, es geht um die diversen Teile der Sonntagszeitung, wie sie vom Wind zerflattert auf Bänken und auf dem Pflaster herumfliegen. Gleichzeitig ist die Zeitung die Welt, die man am Sonntag gern hinter sich läßt, so daß sie ruhig »entblättert« sein darf. Die letzte Strophe macht dann ganz deutlich, daß der Sonntag ein Tag der Entspannung sein soll, was auch einigermaßen zu gelingen scheint. Die starke Alliteration auf »w« und der unerwartete einzige Reim des Gedichts scheinen den Zweck des Feiertags – ein Sabbath, Sonntag – zu bestätigen.

Mehr als jede andere scheint mir Rose Ausländer der Flüchtling unter den Dichterinnen zu sein, und zwar gerade weil sie einen einzigartigen Blick für die Bedeutung der verschiedensten Landschaften hatte. Denn dieser Blick hatte seinen Ursprung in der Landschaft, von der sie sich nie trennen konnte, der Bukowina. »Landschaft, die mich erfand«.

Wir kommen zu Mascha Kaléko. Sie war Berlinerin, obwohl eigentlich in Polen geboren, wurde vertrieben nach ihren ersten wohlverdienten Erfolgen mit Gedichten, die regelmäßig in Zeitungen erschienen – denn sie waren leicht genießbar und stimmten nachdenklich. »Das lyrische Stenogrammheft«, ein für einen Gedichtband erstaunlich erfolgreiches Buch, wurde zusammen mit den Werken anderer jüdischer Autoren verbrannt. Ihre Exilstationen waren New York, Israel (wohin sie mit ihrem Mann 1966 übersiedelte) und schließlich Zürich, wo sie 1975 gestorben ist. Marcel Reich-Ranicki, auch er ein polnischer Jude, der in Berlin beheimatet gewesen wäre, wenn man es ihm erlaubt hätte, hat über Mascha Kaléko geschrieben: »Ihre Verse sind keß und keck, frech und pfiffig, schnoddrig und sehr schwermütig, witzig und ein klein wenig weise. Ganz natürlich klingt die Stimme der Mascha Kaléko, unverkrampft und immer etwas resigniert.« Und weiter schreibt er ganz richtig: »Derartiges wird in Deutschland bisweilen gelobt und nie ganz ernst genommen« und stellt fest, daß in Kindlers zwanzigbändigem Literaturlexikon ihr keine einzige Zeile gewidmet ist. Ihre Gedichte sind in einem Stil geschrieben, den man damals als »Neue Sachlichkeit« bezeichnete. Neue Sachlichkeit war eine Bewegung erst in der Malerei, dann auch in der Literatur der zwanziger Jahre, die sich die objektive Wiedergabe der Realität zur Aufgabe stellte. Und das war natürlich zu dieser Zeit eine sozialkritische Aufgabe. Bei Erich Kästner, dem bekanntesten Dichter der Neuen Sachlichkeit, ist diese Kritik sehr explizit, bei Kaléko eher verhalten. Sie schreibt, um Reich-Ranicki noch einmal zu zitieren, »von den Gefühlen und Leiden der kleinen, armen Angestellten [...] und der zwar munteren, doch in Wirklichkeit recht traurigen Sekretärinnen«.

Interview mit mir selbst

Ich bin vor nicht zu langer Zeit geboren
In einer kleinen, klatschbeflissenen Stadt,
Die ein Kirche, zwei bis drei Doktoren
Und eine große Irrenanstalt hat.

Mein meistgesprochenes Wort als Kind war ›nein‹.
Ich war kein einwandfreies Mutterglück.
Und denke ich an jene Zeit zurück:
Ich möchte nicht mein Kind gewesen sein.

Im letzten Weltkrieg kam ich in die achte
Gemeindeschule zu Herrn Rektor May.
– Ich war schon zwölf, als ich noch immer dachte,
Daß, wenn die Kriege aus sind, Frieden sei.

Zwei Oberlehrer fanden mich begabt,
Weshalb sie mich – zwecks Bildung – bald entfernten;
Doch was wir auf der hohen Schule lernten,
Ein Wort wie ›Abbau‹ haben wir nicht gehabt.

Beim Abgang sprach der Lehrer von den Nöten
Der Jugend und vom ethischen Niveau –
Es hieß, wir sollten jetzt ins Leben treten.
Ich aber leider trat nur ins Büro.

Acht Stunden bin ich dienstlich angestellt
Und tue eine schlechtbezahlte Pflicht.
Am Abend schreib ich manchmal ein Gedicht.
(Mein Vater meint, das habe noch gefehlt.)

Bei schönem Wetter reise ich ein Stück
Per Bleistift auf der bunten Länderkarte.
– An stillen Regentagen aber warte
Ich manchmal auf das sogenannte Glück …

Das Gedicht ist so amüsant, weil es in jeder Strophe die erwähnte verhaltene Kritik an hergebrachtem Denken und Tun enthält. Kleinstädtisches Idyll der ersten Strophe geht spätestens mit der großen Irrenanstalt flöten, wenn nicht schon mit dem Wort »klatschbeflissen«. Die zweite Strophe wirkt wie eine Satire auf den Muttertag, indem sie daran erinnert, daß das Mutterglück nicht immer »einwandfrei« ist. In der nächsten Strophe lesen wir »ich war schon zwölf, als ich noch immer dachte« – jetzt meinen wir, sie dachte vielleicht so Kindisches, wie daß der Storch die Kinder bringt, dagegen geht es um die bittere und keineswegs selbstverständliche Wahrheit, daß der Frieden viel Arbeit erfordert, die damals nicht geleistet wurde. Weiter geht's mit der Kritik am Schulwissen, das die Schüler nicht auf die Nöte des Lebens vorbereitet. (Das Wort »Abbau« ist mir in diesem Zusammenhang fremd; es muß sich entweder auf die Verringerung, also das »Abbauen« von Angestellten, also Arbeitslosigkeit beziehen oder auf die Herabsetzung von Löhnen und Gehältern.) Nach der Schule gibt es statt des Lebens nur das Büro – nicht gerade dasselbe. Das in der vorletzten Strophe verfaßte Gedicht ist wohl dasjenige, das wir eben lesen. Daran, daß der Vater das Versemachen rügt, erkennen wir, daß die Sprecherin noch zu Hause wohnt. Die letzte Strophe ist dann eine Zusammenfassung vom Elend des kleinbürgerlichen Lebens. Reisen ist eine Phantasie – Traum mit Landkarte, vom Glück kann man nur träumen, aber bitte mit einer Einschränkung, wie sie das Wort »sogenannt« liefert. Später, nicht viel später, mußte die Verfasserin dieser Verse reisen, nämlich ins Exil.

»Kleine Havel-Ansichtskarte« ist eines ihrer zu Recht bekanntesten Gedichte, ein Berliner Sonntag von kleinen Leuten, und vermittelt ihre Fähigkeit, die Berliner Atmosphäre zu einem bestimmten Zeitpunkt festzuhalten, ein unwiderrufliches Bild von beschränkter Lebensfreude und begrenzter Ausgelassenheit.

Neben dem Sonntagsgedicht von Rose Ausländer über einen Sonntag im Exil, in Manhattan, hier nun ein Sonntagsgedicht aus der Heimat, weniger anspruchsvoll, aber von demselben Gefühl belebt, daß man den Feiertag auskosten muß. Kaléko beschreibt das Ende des Sonntags, eigentlich hat man schon ausgekostet, was es auszukosten gab. Viel war's nicht.

Schon der Titel: die Wirklichkeit als Ansichtskarte, als gäbe es nichts Echtes mehr, nur Übermitteltes. Gleich kommt ein echter Mond dem Großstadtgeschmack, der mehr Künstliches als Natürliches kennt, wie ein Lampion vor. Überhaupt ist der Text durchsetzt von der Schwierigkeit des Großstädters, der Natur etwas abzugewinnen. Da ist der satirisch benannte Kaffeegarten »Waldesrast«, die Sänger, die sowieso nicht gut waren, werden ersetzt durchs Grammophon. Das Liebesvergnügen nach dem »Wassersport«, der Bootsfahrt, ist vielleicht das einzig Echte hier und trotzdem stellt sich eine leise Traurigkeit ein, wenn am Ende Asphalt und Straßenbahn einander begrüßen und der Alltag neu beginnt.

Kleine Havel-Ansichtskarte

Der Mond hängt wie ein Kitsch-Lampion
Am märk'schen Firmament.
Ein Dampfer namens »Pavillon«
Kehrt heim vom Wochenend.

Ein Chor klingt in die Nacht hinein,
Da schweigt die Havel stumm.
– Vor einem Herren-Gesangverein
Kehrt manche Krähe um.

Vom Schanktisch schwankt der letzte Gast,
Verschwimmt der letzte Ton.
Im Kaffegarten »Waldesrast«
Plärrt nur das Grammophon.

Das Tanzlokal liegt leer und grau.
(– Man zählt den Überschuß).
Jetzt macht selbst die Rotundenfrau
Schon Schluß.

Von Booten flüstert's hier und dort.
Die Pärchen ziehn nach Haus.
– Es artet jeder Wassersport
Zumeist in Liebe aus.

Noch nicken Föhren leis im Wald.
Der Sonntag ist vertan.
Und langsam grüßt der Stadtasphalt.
Die erste Straßenbahn ...

Mit der neuen Sachlichkeit war es so, daß hinter der vermeintlichen objektiven Oberfläche der leisen Ironie der Aussagen immer eine tränensüchtige Sentimentalität lauerte. Die wenigsten Dichter konnten diese Gratwanderung einer sehr leichten, scheinbar hingeworfenen Gedichtgattung so bewältigen, daß der Witz nicht umschlug in sein Gegenteil, oder wie Horst Krüger es genau im Zusammenhang mit Mascha Kaléko nennt, »eingeborene Gefühligkeit keß kaschieren«. Erich Kästner konnte es, aber auch er erlag gelegentlich den Versuchungen der Gefühligkeit oder Sentimentalität.

Mir scheint, Mascha Kaléko hat im Exil diese aus der Wirklichkeit des Alltagslebens geschöpfte Sprache und den Berlinerischen Tonfall verloren, zusammen mit dem in expressionistisch-grelle Farbe getauchten richtigen Wort. Sie behielt den schnoddrigen Ton, aber er ist durchbrochen von Larmoyanz. Und ganz egal, wie berechtigt die Klagen sind, die Qualität eines Gedichts hängt ungerechterweise nicht von den Ursachen, sondern nur von Wirkungen ab.

Und so erscheint mir das folgende Gedicht stark lädiert von Emotionen, die noch so ehrlich sein können und doch, weil nicht verhalten genug ausgedrückt, als Sentimentalität herüberkommen:

Im Exil

Ich hatte einst ein schönes Vaterland –
so sang schon der Flüchtling Heine.
Das seine stand am Rheine,
das meine auf märkischem Sand.

Wir alle hatten einst ein (siehe oben!).
Das fraß die Pest, das ist im Sturm zerstoben.
O Röslein auf der Heide,
dich brach die Kraftdurchfreude.

Die Nachtigallen wurden stumm,
sahn sich nach sicherm Wohnsitz um,
und nur die Geier schreien
hoch über Gräberreihen.

Das wird nie wieder, wie es war,
wenn es auch anders wird.
Auch wenn das liebe Glöcklein tönt,
auch wenn kein Schwert mehr klirrt.

Mir ist zuweilen so, als ob
das Herz in mir zerbrach.
Ich habe manchmal Heimweh.
Ich weiß nur nicht, wonach.

Glöcklein und Schwert sind nicht die richtigen Metaphern für Krieg und Frieden im zwanzigsten Jahrhundert. Zerbrochene Herzen sind in der Dichtung Jahrmarktplunder. Das Heinezitat ist abgedroschen, obwohl es vielleicht in jenen Exiljahren noch nicht ganz so war. Nur in den letzten zwei Zeilen – »Ich habe manchmal Heimweh. / Ich weiß nur nicht, wonach.« – ist die alte Mascha Kaléko spürbar. Hier wird zurückgenommen, was eben erst ausgesagt wurde, und es bleibt das Paradox der Sehnsucht nach einer Heimat, die es nicht mehr gibt.

Noch ein Exilgedicht von Mascha Kaléko: »Sozusagen ein Mailied« aus dem Jahre 1938, also noch vor dem Krieg. Es ist, glaube ich, das beste ihrer Exilgedichte, und zwar deshalb, weil es noch ein letztes Berlingedicht ist, ein Gruß nach Berlin aus New York.

Sozusagen ein Mailied

Manchmal, mitten in jenen Nächten,
Die ein jeglicher von uns kennt,
Wartend auf den Schlaf des Gerechten,
Wie man ihn seltsamerweise nennt,
Denke ich an den Rhein und die Elbe,
Und kleiner, aber meiner, die Spree.
Und immer wieder ist es dasselbe:
Das Denken tut verteufelt weh.

Manchmal, mitten im freien Manhattan,
Unterwegs auf der Jagd nach dem Glück,
Hör ich auf einmal das Rasseln von Ketten.
Und das bringt mich wieder auf Preußen zurück.
Ob dort die Vögel zu singen wagen?
Gibt's das noch: Werder im Blütenschnee …

Wie mag die Havel das alles ertragen,
Und was sagt der alte Grunewaldsee?

Manchmal, angesichts neuer Bekanntschaft
Mit üppiger Flora, – glad to see –
Sehnt sichs in mir nach magerer Landschaft,
Sandiger Kiefer, weißnichtwie.
Was wissen Primeln und Geranien
Von Rassenkunde und Medizin …
Ob Ecke Uhland die Kastanien
Wohl blühn?

Es ist ein Gedicht über die Schlaflosigkeit im Exil und erwartet von uns ein gemäßigtes Zuhören, eine Prise Sympathie, nicht mehr, und hält doch einen Moment in der Geschichte des Exils fest. Was den Sog, den Reiz dieses Gedichts ausmacht: das sind – wieder einmal – die bescheidenen, anheimelnden Genauigkeiten, die Uhlandstraße, der Grunewaldsee und dazu eine Sehnsucht, die sich nicht tierisch ernst nimmt. Denken tut halt weh, sagt sie in der ersten Strophe, und ein Gespräch über Bäume, oder auch Blumen, läßt sie sich wohl von Brecht nicht verbieten. Denn es sind ja gerade die Blumen und die Bäume, die ihr fehlen. Dagegen hilft nicht die »üppige Flora« eines anderen Landes, so sehr man sich freut, sie zu sehen. Das Erwähnte, das Erinnerte ist gar nicht so viel, aber schließt stellvertretend alles andere mit ein.

Hilde Domin, die gebürtige Kölnerin, Jahrgang 1909, wanderte schon 1932 aus, kehrte nach zweiundzwanzigjährigem Exil 1961 nach Deutschland zurück und lebte bis zu ihrem Tod im Jahre 2006 in Heidelberg. Über ihre Herkunft schreibt sie: »Irgendwann war ich zuhause, und auch gut zuhause. Davon lebe ich ein Leben lang. Das war in Köln, in der Riehler Straße. Dort haben mich meine Eltern mit dem Urvertrauen versorgt, dem Urvertrauen, das unzerstörbar scheint und aus dem ich die Kraft des ›Dennoch‹ nehme.« »Dennoch« ist tatsächlich ein Wort, das oft in ihren Gedichten auftaucht, und gerade dann, wenn sie sich am Rande der Verzweiflung zu bewegen scheinen.

In manchen ihrer Exilgedichte fällt das konkrete Verzeichnis der Verluste von Dingen auf, die in ihrer Beständigkeit ein Leben ausmachen. Sie sind zugleich wirklich und symbolisch. Zum Beispiel im Gedicht »Herbstzeitlosen«: »Für uns, denen der Pfosten der Tür verbrannt ist, / an dem die Jahre der Kindheit / Zentimeter für Zentimeter / eingetragen waren. // Die wir keinen Baum / in unseren Garten pflanzten, / um den Stuhl / in seinen wachsenden Schatten zu stellen.« Das was hier vermißt wird, ist die Entwicklung vom Kind zum Erwachsenen und das, was Goethe »ruhige Bildung« nannte. *Wachstum* – des Menschen, des Baums – wird für die Exilantin nicht mehr registriert. Resigniert tröstet sich der Exilant mit beobachteten Gleichheiten. So wie Heine im Exil schreiben konnte: »Immerhin, mich wird umgeben / Gotteshimmel dort wie hier. / Und als Totenlampen schweben / Nachts die Sterne über mir« – so schreibt Hilde Domin in der unpathetischeren Sprache unseres Jahrhunderts: »Überall wird das Heu / auf andere Weise geschichtet / zum Trocknen / unter der gleichen / Sonne.« (»Wo steht unser Mandelbaum«) In dem Gedicht »Mit leichtem Gepäck« warnt sie den Wandernden davor, sich noch einmal festzuklammern: »Sag dem Schoßhund Gegenstand ab / der dich anwedelt / aus den Schaufenstern. / Er irrt. Du / riechst nicht nach Bleiben.« Der erheiternde Vergleich mit dem Schoßhund, der mitgenommen werden möchte, macht die erzwungene Rastlosigkeit erträglich. Und noch einmal das Mißtrauen gegen alles, was zum Bleiben einlädt:

Warnung

Wenn die kleinen weißen Straßen
im Süden
die du gegangen bist
sich dir öffnen wie Knospen
voller Sonne
und dich einladen.

Wenn die Welt,
frischgehäutet,
dich aus dem Haus ruft
und dir ein Einhorn
gesattelt
zur Tür schickt.

Dann sollst du hinknieen wie ein Kind
am Fuß deines Betts
und um Bescheidenheit bitten.
Wenn alles dich einlädt,
das ist die Stunde,
wo dich alles verläßt.

Das ist ein echtes Exilgedicht, das Gedicht von Menschen, die zuviel verloren haben, um zu glauben, daß ihnen noch einmal etwas geschenkt wird.

Bei Rose Ausländer heißt es einmal: »Ich rede / von der brennenden Nacht /die gelöscht hat / der Pruth [...]

vom gelben Stern / auf dem wir / stündlich starben / in der Galgenzeit // nicht über Rosen / red ich [...]«

Hilde Domin redet sowohl über brennende Nächte wie über Rosen. Im Kontrast oder als Ergänzung dazu heißt eines ihrer bekanntesten Gedichte, das auch den Namen eines Gedichtbandes hergab, »Nur eine Rose als Stütze«. Die Exilantin, die die Gegenstände der eingerichteten Welt hinter sich gelassen hat (Gegenstände sind Schoßhunde, die einen anwedeln), diese Emigrantin richtet sich ein im Bereich der Phantasie. »Ich richte mir ein Zimmer ein in der Luft / unter den Akrobaten und Vögeln: / mein Bett auf dem Trapez des Gefühls / wie ein Nest im Wind / auf der äußersten Spitze des Zweigs.« Das Innenleben ist übriggeblieben, nachdem die Außenwelt versagt hat. Letzte Strophe: »Aber ich liege in Vogelfedern, hoch ins Leere gewiegt. / Mir schwindelt. Ich schlafe nicht ein. / Meine Hand / greift nach einem Halt und findet / nur eine Rose als Stütze.« Durch das »nur« bleibt unklar, ob die Rose wirklich als Stütze dienen kann oder ob der Versuch vielleicht doch mißlingen wird.

Hilde Domin ist aber auch weitgehend eine politische Dichterin. Über »die Problematik des politischen Gedichts« sagt sie, es hinge »wie bei jedem Gedicht davon ab, wie sehr das politische Thema [den Dichter] selber erregt ... Dabei ist ihm keine ersthändige Erfahrung im Sinn biographischer oder topographischer Belegbarkeit abzuverlangen. Jede Erfahrung, auch die fernste, kann für den Lyriker zur »ersthändigen« werden, wenn er sie als Schock erfährt ... Nur was ihm unter die Haut geht, wird andern unter die Haut gehen.«

Nehmen wir ein Gedicht wie »Brennende Stadt«. Hier läßt das Ich, in seiner Geborgenheit vor dem Fernsehapparat sitzend, die Katastrophen der Welt auf sich einwirken, also durchaus keine »ersthändige«, sondern eine ferne Erfahrung.

Brennende Stadt
(Beirut)

Die brennende Stadt
brennt lautlos
Ich sehe sie jeden Abend
mit immer neuen Namen
der Ansager
vorläufig
sagt Abend für Abend den einen
Ich kann das abstellen
vorläufig
Zumindest im Wachen

Hilde Domins politische Gedichte sind in ihrer epigrammatischen Geballtheit denen von Erich Fried verwandt. Und Erich Fried erkannte das sehr wohl und bewunderte Domins Werk. Über »Brennende Städte« schrieb er: »Sie sieht die Stadt jeden Abend, aber ihr fallen dabei immer andere Städte ein, die gebrannt haben, die brennen können oder – wer weiß – brennen werden. Deshalb steht der Stadtname Beirut nur in Klammern … Die Dichterin sagt in der nächsten Zeile kunstlos einfach: ›Ich kann das abstellen.‹ Natürlich, sie kann die lautlos brennende Stadt auf dem Bildschirm abstellen, auch den vom Ansager allabendlich quälend wiederholten Stadtnamen Beirut, womöglich auch das unerträgliche Denken an die vorläufig weit entfernte Zerstörung. Die Zerstörung selbst kann sie nicht abstellen … Nur dem Bild … kann sie entrinnen. Aber auch das nur vorläufig ... Dann kommt die letzte Zeile: ›Zumindest im Wachen.‹ Diese kurze, unpathetische Einschränkung macht alle Hoffnung, dem Unerträglichen zu entrinnen, zunichte.« Soweit Erich Fried.

Ein dritter Themenbereich von Hilde Domin (neben Exil und Menschenrechten) ist der Umgang mit Sprache. Sie hat relativ spät zu dichten begonnen und spricht von dieser Entwicklung als von einer zweiten Geburt. »Ich, H.D., bin erstaunlich jung«, schrieb sie 1961. »Ich kam erst 1951 auf die Welt [...] 1951, als ich zu schreiben begann, wurde mir, wie jedem, der beginnt, alles bis dahin Getane zur Vorgeschichte [...] Weshalb ich zu den jüngsten deutschen Lyrikern gehöre, etwa zur Generation von Peter Rühmkorf.«

Zu dem Thema Geburt gibt es ein im besten Sinne sehr weibliches Gedicht. Es heißt »Geburtstage« und handelt von drei Geburten und einem Geburtenersatz. Zunächst Die Geburt der Mutter und die eigene Geburt; dann die Geburt eines Tieres, eines Rehs; schließlich die Entstehung von Gedichten der kinderlosen Dichterin.

Geburtstage

1.

Sie ist tot

heute ist ihr Geburtstag
das ist der Tag
an dem sie
in diesem Dreieck
zwischen den Beinen ihrer Mutter
herausgewürgt wurde

sie
die mich herausgewürgt hat
zwischen ihren Beinen

sie ist Asche

2.

Immer denke ich
an die Geburt eines Rehs
wie es die Beine auf den Boden setzte

3.

Ich habe niemand ins Licht gezwängt
nur Worte
Worte drehen nicht den Kopf
sie stehen auf
sofort
und gehn

Dichtung als Geburt, der Dichter als ein Gebärender, das ist an sich ein alter Topos (oder Gemeinplatz). Hier wird Geburt mit fast klinischer Genauigkeit beschrieben und im zweiten Teil der Gegensatz zwischen dem hilflosen Kind und dem zögerlich auf seinen Füßen stehenden neugeborenen Reh ins Blickfeld gerückt. Über dem ersten Teil hängt die Trauer um die tote Mutter; der Kreis, der mit Geburt begann, hat sich geschlossen. Aus dem dritten Teil können wir ein Bedauern lesen, daß die Dichterin »nur Worte« geboren hat – oder auch den Triumph, daß Worte sofort ihre Wirkung haben, daß man nicht mit Hängen und Bangen darauf warten muß, was aus ihnen wird. Tierische, menschliche und geistige Geburt, das ist das Trio, welches Hilde Domin hier als verwandt zusammenstellt. Und da die Geburt der Worte erst am Ende des Gedichts kommt, gewinnen wir vielleicht doch den Eindruck, daß sie von allen dreien die lebensfähigsten sind.

Von Worten und dem Mißbrauch der Wörter handelt auch das nächste Gedicht:

Ich will dich

Freiheit
ich will dich
aufrauhen mit Schmirgelpapier
du geleckte

die ich meine
meine
unsere
Freiheit von und zu
Modefratz

Du wirst geleckt
mit Zungenspitzen
bis du ganz rund bist
Kugel
auf allen Tüchern

Freiheit Wort
das ich aufrauhen will
ich will dich mit Glassplittern spicken
daß man dich schwer auf die Zunge nimmt
und du niemandes Ball bist

Dich
und andere

Worte möchte ich mit Glassplittern spicken
wie es Konfuzius befiehlt
der alte Chinese

Die Eckenschale sagt er
muß
Ecken haben
sagt er
Oder der Staat geht zugrunde

Nichts weiter sagt er
ist vonnöten
Nennt
das Runde rund
und das Eckige eckig

Der Band, in dem dieses Gedicht steht, heißt wie das Gedicht: »Ich will dich«. Das hat natürlich eine ganz andere Bedeutung (»ich will dich haben«) als in dem eigentlichen Satz, wo »will« ein Hilfszeitwort ist, das zu dem Infinitiv »aufrauhen« führt. Der Zweck dieses raffinierten grammatischen Spiels ist eine geballte Aussage: Ich will die Freiheit, aber eine Freiheit, die man sich etwas kosten läßt, nicht eine, die als Selbstverständlichkeit und Sprechblase aus jedermanns Munde fließt, daher eine geleckte Freiheit. »Meine Freiheit«, so fährt sie fort, »Freiheit, die ich meine« (in dem alten Lied bedeutet meine ja wohl auch »liebe«, im Anklang an »Minne«), ist nicht rundlich angenehm, sondern kann verwunden (Glassplitter!). Das Wort Freiheit und andere wünschenswerte Begriffe sollen aus ihrer sprachlichen Abgedroschenheit erlöst werden. Die Weisheit, zum Beispiel die des Konfuzius, erfordert Genauigkeit. Sag nicht rund, wenn du eckig meinst, es gibt runde Schalen und eckige, sie sind zweierlei, wenn wir genau sprechen, so werden wir auch genau denken und daher – erstaunlicherweise – den Staat retten. Schmirgelpapier und Glassplitter geben dem Ganzen eine Häuslichkeit, die es aus den Abstraktionen heraushebt und zusammen mit dem wiederholten, halb lächerlichen Gelecke zu einem recht vergnüglichen Lehrgedicht macht. Denn ein Lehrgedicht ist es allemal. Hilde Domin scheute sich nicht, ihren Lesern vorzuschreiben, wie sie leben sollen. Sie war eine unverbesserliche Weltverbesserin.

Ihr Optimismus und ihr Vertrauen (wohl abgeleitet von jenem Kölner Urvertrauen der Kindheit) verblüffen und wirken auch ein wenig naiv, wenn sie sie in nackter Prosa ausspricht. Sie selber sagt darüber, wenn Kafka behauptet, »seine Taube sei heimgekehrt und habe ›nichts Grünes‹ gefunden, so sehen meine Gedichte mit aufgerissenen Augen, wie abgefressen alle Wiesen sind, wie leer die Äste. Wie es überall hohl ist. Und vor Schrecken fliegen sie dann so weit und so hoch, daß sie irgendwo doch noch ein – wenn schon ganz durchsichtiges – Blau oder Grün erwischen. Wie wir es in Wahrheit doch alle immer wieder tun, denn sonst leben wir nicht. Das Nur-Negative ist eine Attitüde.«

Soweit Hilde Domin in einem Absatz, der wie ein Prosagedicht anmutet. Im Gedicht überzeugt das Vertrauen, vielleicht weil das Gedicht einen träumerischen, keinen politischen oder realistischen Zustand beglaubigt, so sehr der erstere auch vom letzteren abhängen mag. Ein Beispiel:

Unsere Kissen werden naß
von den Tränen
verstörter Träume.

Aber wieder steigt
aus unseren leeren
hilflosen Händen
die Taube auf.

Die Taube ist hier Noahs, nicht Kafkas taube, die er nach der großen Sintflut aussendet; eine Metapher vom Vogel, der das Land wiederfindet, ein Bild der rückgekehrten jüdischen Dichterin.

Über Lyrik reden

Dankansprache zum Preis der Frankfurter Anthologie

Der Preisträger des vorigen Jahres, Peter von Matt, hat in seiner Dankesrede beredt und witzig vor allem über die Produktion von Gedichten, also über die Dichter gesprochen, doch gegen Ende bemerkte er: »zum Ereignis des Gedichts gehört das Gespräch, das es auslöst, gehört der Disput, die fortdauernde Debatte ... Autoren sind der Kritik nicht zu Dank verpflichtet. Dennoch gilt der Satz, daß ohne die Dauerrede über die Poesie eines Tages die Poesie abstirbt.« An diesen kurzen Hinweis auf die Rezeption von Lyrik möchte ich anknüpfen. Ich stelle die Frage: Wie reden wir über Lyrik? Und die andere, dazugehörige Frage: Wer redet über Lyrik? Wer hält die »Dauerrede«, und wie hört sie sich an?

Zu der Frage nach dem »wer« behaupte ich zunächst einmal kühn: Jeder redet über Lyrik, und die meisten Leute halten sich für Experten in der Sache. Jeder kann irgendwelche Gedichte auswendig, und seien es nur Liedertexte oder Kinderreime. Zu gewissen Gedichten und gereimten Texten hat jeder eine Beziehung und daher eine dezidierte Meinung. Und meistens kann man von jedem Durchschnittsleser unschwer erfahren, was sein oder ihr Lieblingsgedicht ist. Darüber hinaus hat fast jeder zu irgendeiner Lebenszeit Gedichte verbrochen, und ich weiß mit Sicherheit, daß gerade Frauen diesem Laster, wenn es denn eins ist, heimlich und im stillen und mit großer Befriedigung bis ins Alter frönen. Ich wage weiterhin zu behaupten, daß weitaus mehr gedichtet wird, als Geschichten und Romane verfaßt werden. Das

Bedürfnis, sich in gebundener, gehobener, gewählter Sprache auszudrücken, überfällt viele von uns, wenn wir im Streß sind, und ist tatsächlich eine fabelhafte Form der Therapie. Die Freude, Gelegenheitsgedichte zu Geburtstagen und ähnlichen Anlässen zu verfertigen, eine freundliche und unterhaltsame Form der Zuwendung, wird manchen hier im Publikum nicht unbekannt sein. Das alles bedeutet, daß sich die Leute für unfehlbar in Sachen Lyrik halten, und dazu ihr Urteil für alleinseligmachend ansehen, worin sie sich kaum von den Berufskritikern und -theoretikern unterscheiden.

Diese an sich selbstverständlichen Behauptungen sind nur deshalb kühn, weil wir ja alle die Klagen gehört und selbst geäußert haben, daß Gedichte nicht mehr gelesen werden. Man weist darauf hin, daß Lyrikbände sich schlecht verkaufen. Das ist richtig. Ich meine jedoch, daß der kommerzielle Wert von neuen Lyrikbänden der Tatsache nicht gerecht wird, daß Lyrik ein wesentlicher Bestandteil des Sprachbewußtseins jedes Menschen ist. Allerdings dürfte es stimmen, daß Gedichte früher mehr gelesen wurden als jetzt, aber das war zu einer Zeit, als man erzählende Gedichte, Balladen, mehr genoß, als wir es tun. Erzähler mögen wir, mit wenigen Ausnahmen, lieber in Prosa und lesen sie lieber im Kämmerlein, als daß wir uns ihre Fabeln gebunden und alliterierend aufsagen lassen. (Auf eine Ausnahme, den großen Balladendichter Bert Brecht, komme ich gleich noch zu sprechen.) Der heutigen Ehrung zufolge darf ich mich wohl für eine gute Leserin von Lyrik halten und gebe doch mehr Geld für neue Krimis als für neue Lyrik aus. Das kommt daher, daß Krimis Wegwerfware sind. Einmal ausgelesen, behalte ich sie nicht einmal im Haus, während ich mit Dichtern, die ich liebe, ein Leben lang umgehe und ihre Verse auch oft auswendig kann. Die Lösungen der fiktiven Kriminalfälle hingegen, entfallen mir schon nach wenigen Wochen. Das bedeutet, Lyrikbände sind eine Art Dauerware. Die Rolle, die Lyrik in unserem, und nicht nur im Leben einer Elite spielt, läßt sich an ihrem Marktpreis nicht messen, und zwar nicht wegen ihrer Inkommensurabilität von ewigen und kommerziellen Werten, sondern weil die Lyrikrezeption ein Sonderfall ist.

Ja, und nun die Kritik. Sie erstellt die Zusammenhänge zwischen dem Gedicht und den Lesern, Zusammenhänge, die sich mit jeder Generation ändern, was zur Folge hat, daß keine Kritik für immer und für alle gültig sein kann. Betrüblicherweise veraltet keine Gattung der Literatur so schnell wie die Kritik, gewiß viel schneller als die Dichtung. Die sogenannte Sekundärliteratur ist eingebettet in die Kontexte, in denen gelesen wird, und die können sich derart ändern, daß wir oft schlicht nicht verstehen, warum unsere Großeltern so und nicht anders auf ein Werk reagiert haben. Die gestrigen Nachrichten gehen in die Geschichte ein, die gestrigen Kritiken, mit wenigen Ausnahmen, nicht einmal in die Literaturgeschichte, oder wenn, dann nur als Kulturdünger, also anonym. Will sagen, der Kritiker oder Literaturwissenschaftler kommt aus seinem eigenen Milieu, er beschreibt nicht nur die Kurve des Gedichts, sondern er liefert seine eigenen Lebensumstände, die privaten wie die historischen mit – die manchmal anders sind als was sich der Dichter gedacht hat, aber gültig, wenn sie seinen Zeitgenossen sinnvoll vorkommen. Ich darf hier noch einmal auf Peter von Matt zurückkommen und seine verblüffende Interpretation eines bis dato unbekannten Gedichts von Hebbel in der »Frankfurter Anthologie«. In einigen klassisch perfekten Distichen schlägt darin David Goliath den Kopf ab und findet dann die Schlepperei an diesem Kopf schwieriger als den ursprünglichen Sieg über den Feind. Ohne Kontext ist das Gedicht ein Nichts. Peter von Matt gibt ihm den Kontext einer, nämlich unserer, Welt, in der die großen Gefahren besiegt sind und die Trümmer der zerstörten Systeme uns zu schaffen machen. Plötzlich enthält das Gedicht eine kunstvoll formulierte und profunde Einsicht in die politische Wirklichkeit, ohne daß dem Gedicht Gewalt angetan wird.

Die Aufgabe der Kritik ist demnach Vermittlung. Aber die Dichter, und besonders die Lyriker, machen uns diese Vermittlungsarbeit nicht leicht, denn sie haben schon immer darauf bestanden, daß persönliche Gefühle und individuelle Erlebnisse überhöht und umgesetzt werden müßten in eine Sprache, die das Allgemeine betont, die, wie Rilke es ausdrückte, dem Engel die Welt verständlich macht. Die Form der Lyrik, diese von der Alltagsprosa abgehobene Sprache, legt eine solche Aufgabe nahe. Denn diese Form erlegt den Dichtern zwar eine strenge Disziplin auf, aber sie liefert ihnen auch wieder eine Schönheit, die schon vorgegeben ist. Wie ein Schachspiel an und für sich ein ästhetisches Vergnügen ist, weil die Regeln aufeinander abgestimmt sind und sich zu einem Ganzen schließen, selbst da, wo nicht besonders aufregend gespielt wird, so hat zum Beispiel das Sonett einen Reiz, der auch dem mittelmäßigsten Produkt der Gattung einen erfreulichen Anstrich gibt. (Darum ist es auch so unverwüstlich. Wenn immer es zum alten Eisen geworfen wird, kommt ein guter Lyriker, Robert

Schindel zum Beispiel, und frischt es auf.) So entsteht ein Tauziehen zwischen der Abstraktion, die von der lyrischen Sprache ausgeht, und der Aufgabe, nicht nur dem Engel, sondern auch dem Leser die Welt verständlicher zu machen. Denn wenn die Abstraktion einen gewissen Grad übersteigt, werden selbst gebildete Leser den Versuch mit der modernen Lyrik aufgeben, nämlich dann, wenn kein sinnvoller Kontext sich für sie erstellen läßt. Tatsächlich gibt es aber ein Spektrum, an dem sich alles Reden über Lyrik orientiert, einerseits die sprachlichen oder musikalischen Eigenschaften des besonderen Gedichts, sein Signifikant, wie die Theoretiker sagen, und andererseits seine Assoziationen, seine »Aussage«, wenn Sie so wollen, sein Bezug zur Wirklichkeit, sein Signifikat.

Nehmen wir zwei unbestrittene Meister des deutschen Gedichts unseres ausgehenden Jahrhunderts als Kronzeugen für diese beiden Ausgangspunkte der Lyrik. Rilke und Brecht sind mit diametral gegensätzlichen Forderungen ans Werk gegangen. Wir wollen sie gegeneinander ausspielen, eben von diesem Standpunkt der Bezüge, der Zusammenhänge. Zunächst Rilke, der in der Überhöhung der erlebten Welt Zweck und Sinn aller Dichtung sah. Er hat es besser ausgedrückt als alle werkimmanenten und dekonstruktivistischen Literaturwissenschaftler. In seinen Worten: »an der Kreuzung zweier Herzwege steht kein Tempel für Apoll«. Was uns im Leben bewegt, meint er, darf nicht in die Lyrik eingehen. Und er warnte den Dichter vor der Erlebnislyrik, davor, seine eigenen Liebesnöte in Dichtung umzusetzen: »Dies ists nicht, Jüngling, daß du liebst, wenn auch / die Stimme dann den Mund dir aufstößt, – lerne // vergessen, daß du aufsangst. Das verrinnt.« Der Text wird, nach diesem

Rezept, sozusagen entkontextualisiert, wenn so ein Wort erlaubt ist. Was bleibt übrig? »In Wahrheit singen ist ... Ein Hauch um nichts. Ein Wehn im Gott. Ein Wind«, ein Prozeß, der in den Duineser Elegien gipfelt und ihre Schönheit und Schwierigkeit, vielleicht auch ihre Schwäche ausmacht. Wenn der Dichter uns nämlich seitenlang versichert, er könne sichtbare Dinge unsichtbar machen und sie auf diese Art verewigen, so sehnen wir uns nach einer genaueren Bezugnahme auf das, was uns angeht. Brecht hingegen wollte keine Engel als Zuhörer, sondern ein Publikum, das ihm, wie er in dem Gedicht »Mein Zuschauer« schrieb, »auf staubiger Straße, in der Schenke, vor dem Bahnhof, getrieben von Gewehrkolben« begegnete und zustimmte.

Ich zitiere nun ein paar Verse aus je einem Gedicht von Rilke und Brecht. In beiden Beispielen geht es um den Tod von Jungverstorbenen. Rilkes Gedicht »Zu der Zeichnung, John Keats im Tode darstellend« stammt aus dem Jahre 1914, also mitten aus seiner vielleicht besten Schaffensperiode. Ich weiß nicht, ob Rilke wußte – nehme aber an, er wußte es –, daß der Tod des 25jährigen Romantikers John Keats schon auf unvergleichliche Weise in dem Gedicht »Adonais« von seinem Freund Percy Shelley besungen worden war. Shelley klagte um einen Menschen, den er kannte, den er allerdings auch mythologisierte, Rilke um einen, der neunzig Jahre vorher gestorben war. Bei Rilke wird Keats zum Typ des »Frühvollendeten«; Trauer und eine gewisse Befriedigung über ein gelungenes Leben und Sterben mischen sich darin, und zu der zeitlichen Distanz kommt noch die der Sprache und Nationalität. Ich lese (übrigens nicht aufeinanderfolgende) Strophen.

Nun reicht ans Antlitz dem gestillten Rühmer
die Ferne aus den offnen Horizonten:
So fällt der Schmerz, den wir nicht fassen konnten,
zurück an seinen dunklen Eigentümer.

[…]

Gesicht: o wessen? Nicht mehr dieser eben
noch einverstandenen Zusammenhänge.
O Aug, das nicht das schönste mehr erzwänge
der Dinge aus dem abgelehnten Leben.
O Schwelle der Gesänge,
o Jugendmund, für immer aufgegeben.

Wir kennen den Ton: Es ist der uralte Ton der Elegie – Elegie im Sinne von Klagelied, nicht im Sinne einer bestimmten Form wie etwa in Goethes »Römischen Elegien« –, wir kennen dieses »Oh, daß du schwandest in deiner Jugend«. Die großen Elegien beziehen sich meist auf einen ganz bestimmten Menschen, aber sie suchen dessen Tod in ein so breites Bett zu legen, daß nur das allgemein Gültige und immer Anwendbare übrigbleibt, nämlich das frühzeitige Hinscheiden. Mehr als das: unser Motiv der Zusammenhänge wird hier aufgegriffen, denn ausdrücklich heißt es, daß der Tod den Dichter aus den »eben noch einverstandenen Zusammenhängen« herausgelöst habe. Das Auge nimmt die Besonderheiten der Welt, dieses »abgelehnten Lebens« nicht mehr wahr. Das ist einerseits Klage, andererseits schwingt hier ein gewisser Triumph mit, als sei mit dieser Loslösung auch von den »schönsten Dingen« eine Höchstleistung erreicht. Das Phänomen Tod wird zwar an einem bestimmten Wesen festgemacht, aber von daher wieder objektiviert zu einer gefaßten, resignierten Trauer.

Und nun das Gegenbeispiel. Zu den wenigen erzählenden Gedichten unseres Jahrhunderts, die Aussicht haben, sich zu halten, zählt meines Erachtens Bert Brechts »Kinderkreuzzug«, das von fünfundfünfzig Kindern berichtet, die im Zweiten Weltkrieg verwaist und hungernd durchs Land ziehen und zu überleben trachten: vergebens, wie sich erweist. Brecht betont den sinnlosen, den vermeidbaren und von kriegführenden Erwachsenen verschuldeten Tod der Kinder. Und er betont die Gegenwart: Die Begebenheit habe sich vor eineinhalb Jahren zugetragen, erklärt die letzte Strophe. Es sind die brennenden Sorgen der Jetztzeit, Krieg und Kriegsopfer sollen gedeutet oder deutlich gemacht werden. Sechsundzwanzig Strophen lang ist das Gedicht Abenteuerbericht, wenn man so sagen darf, und der Sprecher tritt nicht in Erscheinung. Die Kinder schlagen sich darin irgendwie durch. In der siebenundzwanzigsten Strophe verschwinden sie: »Bei starkem Scheewehn / Hat man die fünfundfünfzig / Zuletzt gesehn.« Jetzt erst meldet sich das Ich, die klagende, subjektive Stimme des Trauernden:

Wenn ich die Augen schließe
seh ich sie wandern
von einem zerschossenen Bauerngehöft
zu einem zerschossenen andern.

Diese Verse rufen bei mir ein starkes persönliches Echo auf, da ich selbst als Kind zu Kriegsende zwischen solchen Bauerngehöften herumgewandert bin. Es handelt von der Not und der Selbstbehauptung von Kindern im Krieg, ein Thema, das wahrlich nicht überholt ist. Aber mit der relevanten Thematik ist es ja nicht getan, denn gut gemeint ist, wie wir alle wissen, oft schlecht gedichtet. Da ist, wenn Sie so wollen, ein rein sprachlicher Trick oder Kunstgriff. Wo wir in Prosa sagen würden: »Von einem zerschossenen Bauernhof zum nächsten zerschossenen Bauernhof«, da erfolgt bei Brecht die Inversion: »Von einem zerschossenen Bauerngehöft zu einem zerschossenen andern« (nicht »zu einem andern zerschossenen«). Und in dieser kleinen Abweichung, will mir scheinen, wird die Umgangssprache zur Dichtung, die Abweichung schält die Trostlosigkeit der Landschaft und die Ausweglosigkeit der Kinder erst richtig heraus. Weiter: Die zitierte Strophe kommt genau an der Stelle, wo ein Ich hermuß, denn die Leserin erträgt die berichterstattende, quasijournalistische Objektivität nicht länger. Der Sprecher sieht noch ein paar Strophen lang die verlorenen Kinder vor sich. Doch das Gedicht endet nicht mit der Qual dieser subjektiven Vision, also mit einem Höhepunkt, sondern mit einem Tiefpunkt, dem Verrecken eines Hundes, der der Bote der Kinder war und selbst verhungert ist, bevor er gefunden wird – ein tragisches, verzweifeltes Ende der ganzen Begebenheit. Der Hund trug eine Tafel aus Pappe.

Darauf stand: Bitte um Hilfe!
Wir wissen den Weg nicht mehr.
Wir sind fünfundfünzig
Der Hund führt euch her.

Wenn ihr nicht kommen könnt
Jagt ihn weg!
Schießt nicht auf ihn
Nur er weiß den Fleck.

Solche Verse strahlen einen starken moralischen Magnetismus aus, und ich könnte jetzt davor warnen, Moral und Ästhetik zu verwechseln. Aber ich meine ja gerade, daß die beiden miteinander verstrickt sind und sich nicht so leicht auseinanderdividieren lassen. Sonst hätte ich nicht ohne weiteres zugegeben, daß ich diesem Gedicht verfallen bin, weil persönlich anfällig für seine Thematik, besonders der des kindlichen Lebenswillens, der nicht mit der üblichen Passivität, die man leidenden Kindern zuschreibt, übereinstimmt. Ich meine, es gehört zum Job des Kritikers, seinen oder ihren Standort anzugeben, eben deshalb, weil wir ja aus unserer Lebenserfahrung heraus und in die Lebenserfahrung der Leser hineininterpretieren, nicht aus einer Leere in eine andere.

Der hohe Ton in der Lyrik ist heute ein wenig in Verruf geraten, und wir folgern oft vorschnell, daß uns das Handfestere lieber ist. Es ist aber ein vertracktes Spiel mit der Poesie. Sublimierung ist ihr eigentlichstes Anliegen, sie will uns zeigen, was es jenseits der Grenze von räumlicher und zeitlicher Beschränkung alles gibt, sie tröstet, indem sie frische Luft ins Gefängnis der Gegenwart bläst, oder sie zeigt uns Denkmuster, manchmal mit musikalischer, manchmal mit mathematischer Genauigkeit, die erheiternd oder stärkend wirken. Die Wörter indessen sind spezifisch, ja konkret, und ein Gedicht in einer unbekannten Fremdsprache läßt sich nicht wie Musik und Mathematik genießen, obwohl manchmal vage Wortassoziationen die Rolle eines verständlichen Zusammenhangs übernehmen können. Das geschieht zum Beispiel beim späten Celan. Dann übt das Gedicht von der Sprachmusik her seine Faszination aus. Bei dem Rilkegedicht um den toten Keats soll uns der längst vergangene Tod des paradigmatischen jungen Poeten, noch weiter distanziert durch die Zeichnung, auf die sich das

Gedicht bezieht, das große Thema der Jungverstorbenen, die sich von der Welt lösen, vor Aug und Ohr führen. Doch die Abstraktion hält sich in Grenzen: diesen Dichter gab es, und wir wissen, daß sein Werk zu den schönsten der englischen Romantik gehört. Und auch die Zeichnung gibt es. Wer sie kennt, hat auch diesen konkreten Anhaltspunkt beim Lesen des Gedichts vor Augen.

Gewiß macht man es sich zu leicht, wenn man nur über Inhalt oder Thematik eines Gedichts spricht, und eine solche Methode war dementsprechend lange Zeit verpönt. Auch der »Kinderkreuzzug« ist kein naives Gedicht, sondern erzählerisch oder, wenn man will, dramatisch sehr genau konstruiert und sogar kalkuliert. Ich muß vor diesem Publikum kaum betonen, daß hier nicht einfach heruntererzählt, sondern auch stark poetisiert wird. Aber der scheinbare Nachdruck liegt auf dem Wachrütteln des politischen Gewissens. Es war ein Fehler der werkimmanenten Interpretation, daß sie sich zu sehr auf die Schönheit der Verse verließ und diese aus jeglichem Zusammenhang herausriß. Ich erinnere mich gut an die Sitzungen meiner Zunft bei der Modern Language Association, in denen wir die Vokale der interpretierten Gedichte vorgezählt bekamen. Irgendein emotionaler Wert ging von diesen »o«s und »u«s aus, je mehr davon, desto besser, aber er wirkte vor allem einschläfernd, und die Methode machte schließlich anderen Methoden Platz. Wie Sie sich erinnern, wurden selbst Brechts Gedichte im Westen entpolitisiert, so gut das ging – und es ging nicht gut. Aber es hieß eben, der Dichter selbst könne ja gar nicht wissen, was in seinem Gedicht steckt, und so könne der Kritiker des Dichters Intentionen ignorieren. Ich meine, daß diese Art, über Lyrik zu sprechen, dem Bedürfnis entsprang, den politischen Erinnerungen zu entkommen, und wie Sie sehen, nicht nur in Deutschland, daß es also einen historischen Grund für diese besessene Konzentration auf die Sprache gegeben hat.

Nun ist es aber ziemlich leicht, sich über den einen oder anderen wesentlichen Aspekt der Lyrik lustig zu machen. Die Kunst in allen Ehren; Rilke, berüchtigt für seinen frühen Kitsch, hat sich auch in reiferen Jahren mehr als einmal selbst parodiert. Und zwar scheiterte er dort, wo die Wirklichkeit die Verse einholte und sich nicht sublimieren ließ, zum Beispiel dort, wo der Liebhaber wie ein Regen daherkommt und die Mädchen wie Gärten sind. Aber auch Brecht konnte sich ungewollt parodieren und den Realismus der Trivialität und damit der Lächerlichkeit preisgeben. Ein Beispiel aus »Die Erziehung der Hirse«:

Josef Stalin sprach von Hirse
Zu Mitschurins Schülern, sprach von Dung und Dürrewind
Und des Sowjetvolkes großer Ernteleiter
Nannt die Hirse ein verwildert Kind.
[...]

Und als Mann und Traktor heimgezogen
Im Kolchos Kurman die erschöpfte Schar –
Waage und Gewichte holten sie und wogen
Fünfundzwanzig Doppelzentner pro Hektar.
[...]

Zweimal düngten sie das Feld mit Schafmist
Wie bis dahin im Kolchos noch nie

Und so weiter. Sie sehen, Brecht scheiterte dort, wo das Gedicht eine Sublimierung fordert, die der Dichter, überzeugt von der schon vorhandenen Poesie von Schafmist und Fünfjahrplan, ihm verweigert.

Ich erwähnte anfangs die Disziplin, welche die lyrische Form dem praktizierenden Dichter auferlegt. Ich meine, in der Kritik hat uns die »Frankfurter Anthologie« etwas Ähnliches beschert. Auch hier ist die Disziplin strikt: erstens muß das gewählte Gedicht kurz sein. (Wie alle Mitarbeiter wissen, ist Goethes »Grenzen der Menschheit« das Nonplusultra an Länge, also 42 Verse.) Gut, das erspart uns die Versuchung, die Schrecken von Schillers »Kampf mit dem Drachen« in Prosa nachzuvollziehen. Aber dann kommt noch die erlaubte Länge der Kritik: 60-65 Zeilen, etwa 3900 Anschläge, ich habe bisweilen klopfenden Herzens 4100 eingesandt, aber darüber hinaus hat man das Gefühl, man hätte ein Sonett mit fünfzehn Versen geschrieben oder sich im Schachspiel ein drittes Rössel aus dem Ärmel geschüttelt. Man muß für so einen Mini-Aufsatz eine, höchstens zwei Ideen zum Gedicht haben. Wenn's mehr sind, soll man sich ein anderes Gedicht wählen, zu dem man paradoxerweise weniger zu sagen hat. Trotzdem schreibe man mehr auf, als erlaubt ist. Der ganze Witz der Sache liegt nämlich in den Kürzungen: Was kann ich auslassen, und doch sinnvolle Zusammenhänge herstellen? Diejenigen von uns, die an geduldige Studenten gewöhnt sind, bekommen von unserem magister ludi zu hören, daß wir zu akademisch vorgehen, das hielte kein normaler Zeitungsleser aus. Ich habe da einiges gelernt, und es war immer zum Vorteil der Interpretationen. Übrigens paßt mir das Wort Interpretation für die »Frankfurter Anthologie«

nicht recht. Denn es hat ja etwas Hochnäsiges im Sinn von: »Ich verstehe es, und du verstehst es nicht, also werde ich es dir erklären.« Hier soll aber nur »erklärt« werden, warum man ein Gedicht mag oder es interessant findet. Es ist ein Reden über Gedichte, ein Bemühen, sie in unserer Zeit unterzubringen, in der der Kritiker und in der der Leser. Und dies, wie ich hier auszuführen versucht habe, ist auch das eigentliche Anliegen der Dichter, dieses Tauziehen zwischen den Schlacken und den Ekstasen der Wirklichkeit einerseits und einer geistigen Sphäre, deren Element die Sprache ist.

Dichter wie Kritiker sind Seiltänzer zwischen der erlebten und der imaginierten, der »verwandelten« Wirklichkeit. (Und wie die »Frankfurter Anthologie« bewiesen hat, zählen die Dichter oft zu den feinfühlendsten Interpreten.) Das Seil der »Frankfurter Anthologie« ist kurz, ein breites Publikum kann die Kunst der Dichter und die Künste ihrer Ausleger sozusagen im Vorübergehen, ohne stehenzubleiben auf dem Weg von den politischen Nachrichten zum Börsenteil, genießen. Kein Elfenbeinturm, sondern überregionale Straße. Unter solchen Artisten ausgewählt und ausgezeichnet zu werden ist, ich weiß es wohl, eine besondere Ehrung. Dafür danke ich der Jury, der Frankfurter Allgemeinen Zeitung und nicht zuletzt dem Gründer und Erfinder der »Frankfurter Anthologie«, Marcel Reich-Ranicki.

Nachweise

Johann Wolfgang Goethe, 1749 in Frankfurt a.M. geboren, gestorben 1832 in Weimar.

Gemalte Fensterscheiben, in: Johann Wolfgang Goethe, Sämtliche Werke. Briefe, Tagebücher und Gespräche, I. Abteilung, Band 2, Gedichte 1800-1832, hrsg. von Karl Eibl, Deutscher Klassiker Verlag, Frankfurt a.M. 1988.

Die Interpretation wird hier erstmals gedruckt.

I

Unbekannter Dichter, um 800.

Zweiter Merseburger Zauberspruch, in: Frühe deutsche Literatur und lateinische Literatur 800-1150, hrsg. von Walter Haug und Benedikt Konrad Vollmann, Deutscher Klassiker Verlag, Frankfurt a.M. 1991.

Erstdruck der Interpretation: FAZ vom 27. Februar 1999

Catharina Regina von Greiffenberg, 1633 auf Burg Seysenegg bei Amstetten geboren, gestorben 1694 in Nürnberg.

Über das unaussprechliche heilige Geistes-Eingeben, in: Catharina Regina von Greiffenberg, Gedichte, hrsg. von Hubert Gersch, Henssel Verlag, Berlin 1992.

Erstdruck der Interpretation: FAZ vom 12. März 1994

Johann Wolfgang Goethe, 1749 in Frankfurt a.M. geboren, gestorben 1832 in Weimar.

Urworte. Orphisch, in: Johann Wolfgang Goethe, Sämtliche Werke. Briefe, Tagebücher und Gespräche, I. Abteilung, Band 2, Gedichte 1800-1832, hrsg. von Karl Eibl, Deutscher Klassiker Verlag, Frankfurt a.M. 1988.

Erstdruck der Interpretation: FAZ vom 19. April 2003

Friedrich Schiller, 1759 in Marbach geboren, gestorben 1805 in Weimar.

Untertänigstes pro memoria, in: Friedrich von Schiller, Werke und Briefe, hrsg. von Georg Kurscheidt, Band 1, Gedichte, Deutscher Klassiker Verlag, Frankfurt a.M. 1992.

Erstdruck der Interpretation: FAZ vom 1. August 1998

Rosseau, in: Friedrich Schiller, Werke und Briefe, hrsg. von Georg Kurscheidt, Band 1, Gedichte, Deutscher Klassiker Verlag, Frankfurt a.M. 1992.

Erstdruck der Interpretation: FAZ vom 21. Mai 2006

Annette von Droste Hülshoff, 1797 in Schloß Hülsoff bei München geboren, gestorben 1848 in Meersburg am Bodensee.

Am Turme, in: Annette von Droste-Hülshoff, Sämtliche Werke, hrsg. von Clemens Heselhaus, Carl Hanser Verlag, München 1959.

Erstdruck der Interpretation: FAZ vom 7. Mai 1994

Heinrich Heine, 1797 in Düsseldorf geboren, gestorben 1856 in Paris.

Babylonische Sorgen, in: Heinrich Heine, Sämtliche Gedichte in zeitlicher Folge, hrsg. von Klaus Briegleb, Insel Verlag, Frankfurt a.M. und Leipzig 2001.

Erstdruck der Interpretation: FAZ vom 14. September 2002

August Heinrich Hoffmann von Fallersleben, 1798 geboren in Fallersleben, gestorben 1874 in Corvey.

Das Lied der Deutschen, in: August Heinrich Hoffmann von Fallersleben, Auswahl in drei Teilen, Verlag Georg Olms, Hildesheim 1973.

Erstdruck der Interpretation: FAZ vom 28. März 1998

Eduard Mörike, 1804 in Ludwigsburg geboren, gestorben 1875 in Stuttgart.

Die Geister am Mummelsee in: Eduard Mörike, Werke und Briefe, Erster Band, Gedichte, Erster Teil, hrsg. von Hans-Henrik Krummacher, Klett-Cotta-Verlag, Stuttgart 2003.

Erstdruck der Interpretation: FAZ vom 25. November 2006

Conrad Ferdinand Meyer, 1825 in Zürich geboren, gestorben 1898 in Kilchberg bei Zürich.

Möwenflug, in: Conrad Ferdinand Meyer, Sämtliche Werke, Historisch-kritische Ausgabe, hrsg. von Hans Zeller und Alfred Zäch, Benteli Verlag, Bern 1963 ff.

Erstdruck der Interpretation: FAZ vom 28. November 1998

Ricarda Huch, 1864 in Braunschweig geboren, gestorben 1947 in Schönberg (heute Kronberg)/Taunus.

Wiegenlied, in: Ricarda Huch, Gesammelte Werke, hrsg. von Wilhelm Emrich, 5. Band; Verlag Kiepenheuer & Witsch 1970, © Insel Verlag, Frankfurt a.M. und Leipzig.

Erstdruck der Interpretation: FAZ vom 10. Juni 1995

Else Lasker-Schüler, 1869 in Elberfeld (heute Wuppertal) geboren, gestorben 1945 in Jerusalem.

Jakob, in: Else Lasker-Schüler, Werke und Briefe, Kritische Ausgabe, hrsg. von Norbert Oellers, Heinz Rölleke und Itta Shedletzky, Band 1, Gedichte, bearbeitet von Karl J. Skrodzki unter Mitarbeit von Norbert Oellers, © Jüdischer Verlag, Frankfurt a.M. 1996.

Erstdruck der Interpretation: FAZ vom 25. September 1995
Mein blaues Klavier, in: Else Lasker-Schüler, Werke und Briefe, Kritische Ausgabe, hrsg. von Norbert Oellers, Heinz Rölleke und Itta Shedletzky, Band 1, Gedichte bearbeitet von Karl J. Skrodzki unter Mitarbeit von Norbert Oellers, © Jüdischer Verlag, Frankfurt a.M. 1996.

Erstdruck der Interpretation: FAZ vom 8. März 1997

Christian Morgenstern, 1871 in München geboren, gestorben 1914 in Meran.

Die Behörde, in: Christian Morgenstern, Alle Galgenlieder. Palmström. Palma Kunkel. Der Gingganz, Diogenes Verlag, Zürich 1997.

Erstdruck der Interpretation: FAZ vom 23. Februar 2002

Hugo von Hofmannsthal, 1874 in Wien geboren, gestorben 1929 in Rodaun bei Wien.

Der Schiffskoch, ein Gefangener, singt:, in: Hugo von Hofmannsthal, Gesammelte Werke in zehn Einzelbänden, Band 1, S. Fischer Verlag, Frankfurt a.M. 1979.

Erstdruck der Interpretation: FAZ vom 4. Dezember 1999

Nelly Sachs, 1891 in Berlin geboren, gestorben 1970 in Stockholm.

Weiß im Krankenhauspark, in: Nelly Sachs, Teile dich Nacht. Die letzten Gedichte, © Suhrkamp Verlag, Frankfurt a.M. 1971.

Erstdruck der Interpretation: FAZ vom 28. September 1996

Gertrud Kolmar, 1894 in Berlin geboren, gestorben 1943 in Auschwitz.

Die Kröte, in: Gertrud Kolmar, Das lyrische Werk, hrsg. von Regina Nörtemann, Gedichte 1927-1937, Band 2, Wallstein Verlag, Göttingen 2003, © Suhrkamp Verlag, Frankfurt a.M.

Erstdruck der Interpretation: FAZ vom 9. Dezember 1995

Theodor Kramer, 1897 in Niederhollabrunn/Niederösterreich geboren, gestorben 1958 in Wien.

Winterhafen, aus: Theodor Kramer, Die Wahrheit ist, man hat mir nichts getan, hrsg. von Herta Müller, © Paul Zsolnay Verlag, Wien 1999.

Erstdruck der Interpretation: FAZ vom 26. Juli 2003

Bertolt Brecht, 1898 in Augsburg geboren, gestorben 1956 in Berlin.

Apfelböck oder Die Lilie auf dem Felde, in: Bertolt Brecht, Große kommentierte Berliner und Frankfurter Ausgabe, Band 11, Gedichte 1, © Suhrkamp Verlag, Frankfurt a.M. 1988.

Erstdruck der Interpretation: FAZ vom 17. Januar 1998

Erich Kästner, 1899 in Dresden geboren, gestorben 1974 in München.

Patriotisches Bettgespräch, in: Erich Kästner, Ein Mann gibt Auskunft, © Atrium Verlag, Zürich 1930.

Erstdruck der Interpretation: FAZ vom 12. Februar 2005

Marie Luise Kaschnitz, 1901 in Karlsruhe geboren, gestorben 1974 in Rom.

Die Katze, in: Marie Luise Kaschnitz, Gesammelte Werke, hrsg. von Christian Büttrich und Norbert Miller, Band 5, Die Gedichte, Insel Verlag, Frankfurt a.M. 1985.

Erstdruck der Interpretation: FAZ vom 9. November 1994

Peter Huchel, 1903 in Berlin-Lichterfelde geboren, gestorben 1981 in Stauffen/Breisgau.

Soldatenfriedhof, in: Peter Huchel, Gesammelte Werke in zwei Bänden, hrsg. von Axel Vieregg, Band 1, Die Gedichte, © Suhrkamp Verlag, Frankfurt a.M. 1984.

Erstdruck der Interpretation: FAZ vom 18. März 2000

HANS SAHL, 1903 in Dresden geboren, gestorben 1993 in Tübingen.

Kinder baden in Flüssen, in: Hans Sahl, Wir sind die Letzten. Der Maulwurf, Gedichte, Luchterhand Literaturverlag, Darmstadt/Neuwied 1991, © Nils Kern, Berlin.

Erstdruck der Interpretation in: Gedichte und Interpretationen, Band 7, Gegenwart, hrsg. von Walter Hinck, Philipp Reclam jun., Stuttgart 1997

CHRISTINE LAVANT, 1915 in Groß-Erding/Lavanttal geboren, gestorben 1973 in Wolfsberg/Kärnten.

Lockte mich die alte Zauberin, in: Christine Lavant: Die Bettlerschale, 7. Auflage 2002, © Otto Müller Verlag, Salzburg.

Erstdruck der Interpretation: FAZ vom 16. September 2006

PAUL CELAN, 1920 in Czernowitz geboren, gestorben 1970 in Paris.

Todesfuge, in: Paul Celan, Mohn und Gedächtnis, © 1952 Deutsche Verlagsanstalt in der Verlagsgruppe Random House, München.

Erstdruck der Interpretation (gekürzt) unter dem Titel: Tabu für Gedichte in: Standard (Album) vom 14. September 2002

Assisi, in: Paul Celan, Von Schwelle zu Schwelle, © 1955 Deutsche Verlagsanstalt in der Verlagsgruppe Random House, München.

Erstdruck der Interpretation: FAZ vom 19. August 1995

Erich Fried, 1921 in Wien geboren, gestorben 1988 in Baden-Baden.

Zu Holze, in: Erich Fried, Gesammelte Werke, Gedichte I, hrsg. von Volker Kaukoreit und Klaus Wagenbach, Wagenbach Verlag, Berlin 1993, © Hanser Verlag, München-Wien.

Erstdruck der Interpretation: FAZ vom 25. Oktober 2003

Ingeborg Bachmann, 1926 in Klagenfurt geboren, gestorben 1973 in Rom.

Was wahr ist, in: Ingeborg Bachmann, Werke in 4 Bänden, Band 1, © Piper & Co. Verlag, München 1978.

Erstdruck der Interpretation: FAZ vom 29. September 2001

Sarah Kirsch, 1935 in Limlingerode/Südharz geboren, lebt in Tielenhemme.

Die Verdammung, in: Sarah Kirsch, Sämtliche Gedichte, © 2005 Deutsche Verlags-Anstalt in der Verlagsgruppe Random House, München.

Erstdruck der Interpretation: FAZ vom 3. September 1994

Fluchtpunkt, in: Sarah Kirsch, Sämtliche Gedichte, © 2005 Deutsche Verlags-Anstalt in der Verlagsgruppe Random House, München.

Erstdruck der Interpretation in: Einigkeit und aus Ruinen. Eine Anthologie, hrsg. von Heinz Ludwig Arnold, S. Fischer Verlag, Frankfurt a.M. 1999

ROBERT GERNHARDT, 1937 in Reval/Estland geboren, gestorben 2006 in Frankfurt a.M.

Couplet von der Erblast, in: Robert Gernhardt, Lichte Gedichte, © Robert Gernhardt 1997; alle Rechte vorbehalten S. Fischer Verlag, Frankfurt a.M.

Erstdruck der Interpretation: FAZ vom 17. September 2005

ROBERT SCHINDEL, 1944 in Bad Hall/Österreich geboren, lebt in Wien.

Nullsucht 15 (Stürzen die Wolken), in: Robert Schindel: Fremd bei mir selbst. Die Gedichte (1965-2003). © Suhrkamp Verlag, Frankfurt a.M. 2004.

Erstdruck der Interpretation: FAZ vom 8. Mai 2004

II

Mein Schiller

Erstdruck in: Das Buch meines Lebens, Erinnerungen an das Lesen, hrsg. von Martin Bernhofer, Sonderzahl Verlag, Wien 1999.

Drei blaue Klaviere. Die verfolgten Dichterinnen Else Lasker-Schüler, Gertrud Kolmar und Nelly Sachs.

Erstdruck in diesem Band.

Mein Schlüssel hat das Haus verloren. Die verfolgten Dichterinnen Rose Ausländer, Hilde Domin und Mascha Kaléko.

Erstdruck in diesem Band.

Über Lyrik sprechen. Dankansprache zum Preis der Frankfurter Anthologie

Erstdruck: FAZ v. 22. Mai 1999

Bibliografische Information der Deutschen Nationalbibliothek
Die Deutsche Nationalbibliothek verzeichnet diese Publikation
in der Deutschen Nationalbibliografie;
detaillierte bibliografische Daten sind im Internet über
http://dnb.d-nb.de abrufbar.

www.wallstein-verlag.de

Vom Verlag gesetzt aus der Garamond
Umschlaggestaltung: Susanne Gerhards, Düsseldorf
Druck: Friedrich Pustet, Regensburg

ISBN: 978-3-89244-490-9

Ruth Klüger im Wallstein Verlag

Ruth Klüger
Gelesene Wirklichkeit
Fakten und Fiktionen in der Literatur

geb. mit Schutzumschlag
222 Seiten

ISBN 978-3-8353-0026-2

Was ist wahr? – Wie steht es um das Verhältnis des geschichtlichen Faktums zum Erzählen davon? – Ruth Klüger beschäftigen seit vielen Jahren die philosophischen, moralischen und nicht zuletzt ästhetischen Dimensionen dieses Problems. Warum hat der Dramatiker Schiller Jeanne d'Arc auf dem Schlachtfeld sterben lassen, wiewohl er es als Historiker besser wußte? Wieso können wir es leicht hinnehmen, daß er Maria Stuart so deutlich »verjüngt«, fänden es aber unverzeihlich, hätte Tolstoi Napoleons Niederlage im Rußlandfeldzug unterschlagen? Warum wird ein und derselbe Text ganz neu gelesen, wenn man erfährt, daß sein Verfasser nicht eigene Erinnerungen aufgeschrieben hat, etwa als ein Überlebender der Lager, sondern eine Romanhandlung in Ich-Form erfunden hat? Warum findet man unter Umständen kitschig, wovon man vorher ergriffen war? »Die Autobiographie ist ein Werk, in dem Erzähler und Autor zusammenfallen, eins sind.« Und so gewiß Ruth Klüger das Schreiben über die eigenen Erfahrungen in einem Grenzdorf zwischen Geschichte und Belletristik angesiedelt sieht, so sicher hält sie fest an der Identität eines Ich, das Zeugnis ablegen kann.

Ruth Klüger im Wallstein Verlag

Ruth Klüger
weiter leben. Eine Jugend

geb. mit Schutzumschlag
286 Seiten

ISBN 978-3-89244-036-9

»weiter leben« ist kein Holocaust-Buch, das ein weiteres Mal das Grauen der KZs vor Augen bringt. Hier wird nicht das brutale Detail geschildert, sondern es werden die Auswirkungen des Erlebten auf die Entwicklung eines Menschen beschrieben und reflektiert. Erinnerung und Bewältigung zweifacher Rechtlosigkeit – als Jüdin und als Frau – sind zentrale Anliegen dieses Buches.

»Ein literarisch außerordentliches Buch. Ich bin der Ansicht, daß es zum besten gehört, was in diesen letzten zwei, drei, vier Jahren in deutscher Sprache erschienen ist.«

Marcel Reich-Ranicki im Literarischen Quartett

»Es fällt schwer, nicht seitenweise aus diesem Buch zu zitieren, das Formulierungen enthält, bei denen jedem wachen Leser das Herz lacht trotz aller Traurigkeit.«

Hannes Stein, Frankfurter Allgemeine Zeitung